中小学并校问题的政策学研究

姚佳胜 ◎ 著

西南师范大学出版社

国家一级出版社　全国百佳图书出版单位

图书在版编目(CIP)数据

中小学并校问题的政策学研究 / 姚佳胜著. —— 重庆：西南师范大学出版社，2016.12

ISBN 978-7-5621-8438-6

Ⅰ.①中… Ⅱ.①姚… Ⅲ.①中小学－学校管理－研究－中国 Ⅳ.①G637

中国版本图书馆 CIP 数据核字(2016)第 307975 号

中小学并校问题的政策学研究

ZHONGXIAOXUE BINGXIAO WENTI DE ZHENGCEXUE YANJIU

姚佳胜 著

责任编辑：钟小族

书籍设计：岚品视觉 CASTALY 周 娟 陈怀香

排 版：重庆大雅数码印刷有限公司·王兴

出版发行：西南师范大学出版社

地址：重庆市北碚区天生路 2 号

网址：http://www.xscbs.com

邮编：400715

印 刷：重庆荟文印务有限公司

开 本：720mm×1030mm 1/16

印 张：11.75

字 数：237 千字

版 次：2017 年 2 月 第 1 版

印 次：2017 年 2 月 第 1 次印刷

书 号：ISBN 978-7-5621-8438-6

定 价：35.00 元

自 2001 年全国范围内实施中小学布局调整政策以来,该政策取得了一定的成效,但随之衍生的问题也越来越多,国家在 2006 年和 2010 年先后三次对该政策调整无效的情况下,于 2012 年暂停了这项政策。其问题的核心是这项政策在实施过程中没能真正做到对学校布局进行合理的调整,而是采取单向度的并校行动,导致大量原本不该撤并的学校被撤并了,引发学生辍学率升高、教育资源浪费、上学安全隐患等一系列直接影响基础教育未来发展的问题。那么,究竟是什么原因导致中小学布局调整政策的实施产生如此后果?布局调整政策作为教育政策的一种,其政策的制定和实施关乎哪些要素?各要素间的关系如何?对这些问题的回答,不仅能够透析中小学布局调整这个原本应具有重大价值的教育政策却问题丛生的深层次原因,更为重要的是,通过对中小学布局调整这一具体政策的剖析,寻找教育政策制定的基点,探索教育政策制定、执行与政策环境间的关系和互动规律,以免类似的问题再次发生,增强教育政策的适切性。

基于以上问题,本研究选取 M 县作为调查对象,依据在于 M 县既是少数民族地区,又是我国边疆地区,地理环境和人文环境丰富多样,基本涵盖了我国各地中小学布局调整实施的政策环境,而且它在中小学布局调整政策实施过程中引发的问题又最为突出,集中反映了中小学布局调整政策制定和实施之中所出现的问题,具有典型性和代表性。本研究主要采用田野考察法,通过深度访谈和参与观察等具体研究方法,力求探明中小学布局调整政策制定和实施的具体过程和基本情况,澄清现象及其背后的政策问题与成因。

本研究从中小学布局调整政策执行的结果入手,按如下步骤对问题进行了层递式探究。第一步:即第一章,做铺垫,主要阐明为什么研究和如何研究。第二步:即第二章,中小学并校问题呈现,主要运用文献法与田野考察法对不同层级的中小学布局调整政策进行梳理,对 M 县中小学布局调整进行历史与现状的考察,分析并校的成效与问题。研究发现,从短视的角度来看,M 县特别适合集中办学,甚至这里集中办学的表层价值远远超过非民族地区。但是从民族和教育长远发展的角度来看,M 县最不适合集中办学。同时发现 M 县并校问题直接源自中小学布局调整政策的实施,因此需要进行政策归因分析。第三步:即第三章,并校问题政策归因分析。基于中小学布局调整政策和田野考察的特点,主要选择了政策过程理论和政策生态学理论为本研究的理论基础,并在此基础上构建起本研究的分析框架。研究具体从中小学布局调整政策的制定、执行和政策环境三方面对并校产生的问题进行归因分析,将政策过程中的政策制定和政策执行两个核心部分置于政策生态环境背景之下进行阐释。主要原因在于政策定位不准、政策执行缺乏文化观照和地方特殊性政策环境因素考量不足等。第四步:即第四章,法理探讨。由于教育政策效用的有限性,并校问题的许多原因在政策实施过程中又不可避免,所以有必要进一步探究政策本身的合理性问题,探讨教育政策制定的法理学基础。其原因在于教育政策出台缺乏严密的法律程序的规制。第五步:即第五章,解决问题。在政策归因分析与法理探讨的基础上,从理论与实践两个层面提出本研究的问题解决建议。

通过以上研究,得到的主要结论是:1.从民族教育的目的和民族地区的长远发展等精神层面的高度来审视民族地区的集中办学问题,中小学并校弊大于利。2.中小学并校问题主要来源于中小学布局调整政策的实施不利,包括政策的制定、政策执行、政策环境和政策出台合法化问题,把撤点并校推向极端。3.教育政策实施的成败不仅与政策制定、执行和政策环境三者的协调相关,更为重要的是教育法、教育政策和地方管理三者的协调统一问题,这直接决定着教育政策出台的合法性与教育政策地方执行的适切性。4.教育政策制定与出台的出发点应该是"求实",而非"唯上",即教育政策的制定不能仅仅从理性出发,更为重要的是从教育发展的实际出发,要以人为本,要认识到教育政策效用的有限性。

基于以上结论,本研究提出两方面的政策建议。第一,在教育政策实施的宏观方面,需构建政策行动一体化的政策过程体系,具体包括:宏观的,教育法、教育政策和地方管理的一体化；中观的，教育政策制定、教育政策执行和教育政策环境的一体化；微观的，教育政策精神与教育政策主体的一体化。这样可以使政策的出台更为有理有据，有法可依；使政策的实施不以人的主观意志为转移，形成前后连贯的逻辑体系；打破政策仅仅被简单地贯彻和执行，使其成为人行动的基本理路。第二，在民族地区中小学布局调整政策实施的具体建议方面，主要根据政策行动一体化理论体系提出民族地区未来中小学布局调整的具体政策建议，即，增强政策主体观照民族文化的政策价值观，采取文化安全至上的政策实施原则，提升小规模学校发展的政策保障水平，观照民族地区特殊性政策环境因素，保障学生就近入学的权利。

笔者

2016 年 12 月

MULU **目 录**

前言

第一章 绪论 ………………………………………………………… 1

第一节 研究缘起 ……………………………………………………… 3

第二节 研究界定 ……………………………………………………… 7

第三节 研究对象 ……………………………………………………… 17

第四节 研究设计 ……………………………………………………… 25

第二章 中小学布局调整政策实施效果：并校的成效与问题 ………… 31

第一节 为什么选择 M 县 …………………………………………… 33

第二节 M 县中小学布局调整的历史演进 ………………………… 39

第三节 M 县中小学并校取得的成效 ……………………………… 50

第四节 M 县中小学并校带来的问题 ……………………………… 62

第三章 并校问题之中小学布局调整政策根源探析 ……………… 73

第一节 并校问题的政策制定根源探析 …………………………… 75

第二节 并校问题的政策执行根源探析 …………………………… 87

第三节 并校问题的政策环境根源探析 …………………………… 99

第四章　中小学布局调整政策出台合理性之法理探讨 ·················· 113

第一节　中小学布局调整政策的合理性之争：工具理性与价值理性 ········ 115

第二节　中小学布局调整政策出台的合法性 ······················· 118

第三节　教育政策出台依据的域外借鉴 ··························· 123

第五章　民族地区中小学布局调整政策有效实施的策略 ·············· 129

第一节　建构教育政策行动一体化体系 ··························· 131

第二节　民族地区学校布局调整的域外借鉴 ······················· 139

第三节　民族地区实施中小学布局调整政策的具体措施 ················ 146

参考文献 ·· 164

附录 ·· 170

第一章　绪论

第一节 研究缘起

一、问题提出

随着社会的发展,教育政策逐渐成为影响学校教育发展的重要因素。到 19 世纪末 20 世纪初,资本主义国家的宪法和法律普遍出现关于义务教育的法律规定,与此同时,教育权逐渐从教会手中过渡到国家手里,并且把普及义务教育视为国家的积极义务,进而促使这些国家重新确立了国家享有教育的权限,出现了教育史上称之为教育国家化的趋势。① 在我国,随着国家综合国力的提升和对教育事业的不断重视,国家对学校教育的投入不断增加。2012 年 12 月 20 日,财政部部长谢旭人在全国财政工作会议上指出:"国家财政性教育经费支出占国内生产总值的比重达到 4%。"在基础教育阶段,我国实现了真正意义上的免费九年义务教育,并且对学校和学生发展的各项经费和补贴还在不断增加,如实施"两免一补"政策、学生营养早餐政策等。同时,国家对基础教育的干预也不断增大。而教育政策无疑是国家干预学校教育发展的重要手段,所以教育政策逐渐成为影响学校教育发展的重要因素。另外,行政学者里付林(A.Rivlin)指出:社会科学曾经发生一场无声的革命(Quiet revolution),这场革命是公共政策研究取代传统社会科学研究,而成为当代社会科学不可忽视的典范。② 因此,对教育政策的研究也逐渐成为教育研究领域中的显学。

中小学布局调整政策是我国当下最具影响力的一项重要教育政策,对我国基础教育的发展产生了重大影响。自 20 世纪 90 年代以来,由于生源持续减少,地方政府财力有限,大量村办小学重复建设,教育资源配置不合理等现实原因,中小学布局调整在各地逐渐展开。2001 年 5 月,国务院颁布《关于基础教育改革与发展的决定》,在该文件中正式提出了中小学布局调整政策。这一决定出台后,全国各地中小学掀起了一场急速的撤并运动。2001 年到 2010 年这 10 年间,我国农村小学减少了 52.1%;教学点减少了 6 成;农村初中减幅超过 1/4。相当于平均每天消失 63 所小学、30 个教学点、3 所初中,每过一小

---

① 秦惠民.走入教育法制的深处——论教育权的演变[M].北京:中国人民公安大学出版社,1998:30.
② 丁钢.聆听前沿——全国首届教育学研究生暑期学校讲演录[C].上海:华东师范大学出版社,2007:64.

时,就要消失1所农村学校。① 随着学校的不断集中,家校之间距离变远,在此过程中产生了一系列衍生问题,其中最为突出的是校车安全问题。例如2011年11月16日甘肃省发生的重大校车交通事件,造成21人死亡、43人受伤的严重后果,②由此引起国家和社会的高度重视,同时也吸引了研究者的高度关注。国家针对撤点并校导致的各种问题先后出台了一系列政策进行调节,但是由于短期内并没有遏制住全国范围内中小学并校的热潮,同时并校过程中出现的一系列问题也没有得到有效的解决,因此,国家于2012年暂停了这项政策。

现阶段,尽管中小学布局调整政策已经暂停,但是这项教育政策依然有其重要的研究价值。2013年3月8日,教育部部长袁贵仁在回答记者关于"农村撤点并校是否已经失败"的问题时指出:"撤点并校总体上是好的,并不是失败的。但在撤并过程中出现操之过急的情况,有些应当保留的教学点没有保留。所以,教育部要求,做好规划,再来考虑。在没有做好规划之前,暂时停下来,并不是说这件事做错了。"据上可知,对于中小学布局调整政策的研究依然有其重要的现实价值。

从已有研究成果的总体情况来看,研究者对中小学布局调整政策的相关问题从不同视角进行了研究,研究成果也较为丰富,但是对民族地区中小学布局调整政策的研究还非常薄弱。民族地区的基础教育是我国教育事业的重要组成部分,一直受到国家的高度重视。随着我国综合国力的不断提升和基础教育的普及,实现基础教育的均衡发展已经成为时代主题。民族地区由于受特殊的地理、历史、文化等因素的影响,形成了特殊的民族教育发展模式。"我国是一个多民族多文化的国家,对民族地区和少数民族的教育一直都实行着特殊的优惠政策。民族教育的特殊性是由民族自身和民族地区的特殊性所决定的,民族地区和民族的特殊性主要受到自然、历史、社会、文化等因素的影响。从第一次全国民族教育会议到新制定的《国家中长期教育改革和发展规划纲要(2010—2020年)》,我国民族教育政策经历了一个又一个特殊阶段的演变,但其中的特点却是十分明显的,即一方面坚持马克思主义的祖国观、民族观、宗教观,把贯彻执行党和国家的教育方针同贯彻执行党和国家的民族政策有机地结合起来,制定一系列重视和支持民族教育事业的政策;另一方面从少数民族和民族地区的实际出发,充分考虑其特点来制定相应的政策。"③在新的历史时期,民族教育事业发展的相关政策在贯彻这一成功经验的同时,更多地应该关注民族地区实施具体教育政策中的特殊性问题,找寻解决这些政策问题的合理策略,进而使民族教育从数量发展模式阶段迈入质量发展模式阶段。

---

① 齐国艳.21世纪教育研究院发布《农村教育布局调整十年评价报告》[N].社会科学报,2012-12-11(3).

② 郭金金.校车事件中媒体报道特点及互动性分析——以甘肃校车事件报道为例[J].东南传播,2012(8):173—175.

③ 王鉴.论我国民族教育的特殊性及其政策支持[J].学术探索,2010(5):126—131.

在中小学布局调整政策实施过程中,遇到问题最多的普遍是偏远民族地区。究其原因,学界普遍认为是地理环境、经济状况等因素所致。对于文化丰富的民族地区来说,绝非通过解决这些表层有形因素就能实现政策目标,其背后还隐藏着许多以文化因素为核心的深层次问题,这些问题将会给民族地区中小学布局调整政策的推进、学校和学生未来发展带来更大的阻力。在民族地区教育原有的这些特殊问题没有解决的情况下,不考虑民族地区的独特性而盲目进行撤点并校,只能使原有问题变得更加严重。有研究表明:"判断和评价农村中小学布局调整是否合理的主要标准是:学校规模、服务人口和服务范围。"①这种提法固然没错,但也有人认为"效率和经济尽管很重要,但必须首先考虑到所提供教育的质量"②。另外,对于民族地区来说还更需要考虑民族文化问题,它将直接影响民族学生的文化认同。此外,质化研究主要采取的是"目的性抽样",即按照研究目的抽取能够为研究问题提供最大信息量的研究对象。个案所承载的信息越多,对研究者的意义越大。因此,选取民族地区的个案作为研究对象更有说服力。国家制定中小学布局调整政策的思路是从逻辑出发,为了获取更好的师资,更好的办学条件,于是撤并学校,集中办学,但这里边的问题又非常复杂,不仅仅是学校空间意义上的转移,背后还牵连许多深层次的文化问题。那么,民族地区中小学布局调整政策究竟存在哪些问题? 后期中小学布局调整政策在民族地区究竟应该如何调整与实施? 教育政策在民族地区应该如何制定和执行? 这些都是笔者思考的问题。

二、研究意义

(一)理论意义

第一,可以丰富教育政策过程理论。本研究为解决教育政策实施面临的教育法、教育政策和地方管理协同问题构建了政策行动一体化过程体系,具体包括教育法、教育政策和地方管理的一体化,教育政策制定、教育政策执行和教育政策环境的一体化,教育政策精神与教育政策主体的一体化,从而丰富了教育政策过程理论。

第二,可以丰富教育政策的类型研究。许多教育政策执行过程受阻,甚至导致政策在实施过程中不了了之。而"撤点并校"取向的中小学布局调整政策则截然相反,政策一出台便得到了迅速的贯彻,地方执行部门在国家政策调节和许多家长反对的情况下,依然义无反顾地执行该政策,最后使国家不得不暂停这项政策。从中小学布局调整政策实施过程可以看出其具有独特性和代表性,通过对中小学布局调整政策的深入考察,总结

---

① 范先佐.中国中西部地区农村中小学合理布局结构研究[M].北京:中国社会科学出版社,2009:112.

② [美]卡拉汉.教育与效率崇拜——公立学校管理的社会影响因素研究[M].马焕灵,译.北京:教育科学出版社,2011:251.

中小学布局调整政策的特点,探索该项政策应遵循的原则,反思教育政策的制定问题,有利于丰富教育政策制定的依据,对于以后类似政策的出台起到借鉴作用。

第三,可以拓展民族教育政策的理论研究。我国关于教育政策的研究起步比较晚,关于民族教育政策的研究更是如此。在中小学布局调整政策执行过程中出现问题最多、影响最为严重的莫过于偏远的民族地区。通过 M 县典型民族地区案例来分析中小学布局调整政策,有利于拓展民族教育政策理论研究。

(二)实践意义

第一,可以提高后续中小学布局调整政策实施的有效性。农村地区中小学的布局调整是一个常态,不同时期都在进行不同程度的变动。另外,国家最新出台的中小学布局调整政策只是暂停各地撤点并校,要求地方政府重新规划。那么在后续中小学布局调整政策的实施过程中,原来存在的问题如何解决,以及如何避免以前出现的问题,采用何种方式解决?本研究通过对典型民族地区中小学布局调整政策的特殊性研究,针对民族地区中小布局调整的现实问题,给予相应的建议,对中小学后续布局调整政策进一步改进和完善起借鉴作用,有利于后续中小学布局调整政策的实施。

第二,可以对以后民族地区教育政策的制定和执行起到启示和借鉴作用。本研究通过对典型民族地区中小布局调整政策的个案研究,总结出民族地区教育政策的制定和执行中应该考虑哪些特殊因素,应该遵循哪些特殊性原则,切实做到因地制宜,进而对以后民族地区实施上级行政部门的教育政策起到启示和借鉴作用。

第二节　研究界定

一、概念界定

(一)并校

并校指的是学校的合并,属于社会机构的合并。古登格伯利和米克将机构合并定义为:"两个或两个以上独立的机构联合为一个新的机构实体,并由新的实体来进行管理和执行,先前机构的所有资产、债务和责任都移交到这个新的机构。"[①]哈曼在古登格伯利和米克的研究基础上进一步将合并分为自愿合并与非自愿合并。自愿合并是两个或多个组织主动发起合并,而非自愿合并是迫于外力。这种区分遭到古登格伯利的批评,他认为没有一种合并是完全自愿的,他指出:"总是有外力来驱动合并,从明确的政府倡导到竞争性的市场条件影响,是对环境发展的进攻性或防御性举动。"[②]从我国教育发展来看,已经经历了两次高等教育阶段学校的大规模合并,最近的一次高校合并从 1992 年拉开序幕,到 2000 年达到高峰,该年进行合并的高校共有 174 所(组建成 73 所新校)。截至 2003 年,我国共对近 600 所高校进行了合并调整,组建了一批文、理、工、农、医等学科门类齐全、规模较大的综合性大学。[③] 本研究的并校主要指基础教育阶段的中小学合并。

现阶段,我国经历着并校取向的中小学布局调整。本研究的并校指义务教育阶段广大农村地区中小学的撤销与合并,从而减少学校数量,即农村地区推进的"撤点并校"。具体包括两种撤并形式:一种是一所或一所以上学校并入另一所存在着的学校;另一种是两所以上学校并入新建的另一所学校。

(二)中小学布局调整政策

中小学布局调整政策主要是关于农村中小学分布如何进行调整的政策,它是由国家层面的行政部门自 2001 年起执行到 2012 年暂停的一系列自上而下推行的基础教育政策。中小学布局调整主要是学校分布格局的一种转变,其本意是根据社会变迁以及学生

①　纽芳怡,曾满超,李树培.发达国家高校合并研究[J].教育发展研究,2007(11):1—9.
②　纽芳怡,曾满超,李树培.发达国家高校合并研究[J].教育发展研究,2007(11):1—9.
③　胡咏梅,梁文艳.高校合并前后科研生产率动态变化的 Malmquist 指数分析[J].清华大学教育研究,2007(1):62—70.

数量等各种相关因素的变化,将学校的分布调整得更为合理化,包括学校的撤并集中,当然也包括学校的拆分与新建。新中国成立初期,五六十年代在全国各地普遍建立了学校,几乎每个村子里都有学校,在民族地区也广设学校。而近些年学校的分布由分散逐渐走向集中。早在1998年,教育部就曾提出过"合理调整中小学校布局",但是直到2001年国家层面才开始正式出台相关政策,对全国农村中小学进行重新布局的"教育改革",其本意旨在"优化结构,调整布局,适度集中办学,加速改革发展"。

本研究中的中小学布局调整政策主要指2001年以来,国家和地方颁布的与调整中小学布局直接相关的政策,在地方教育行政部门被称为撤点并校政策。中小学布局调整政策不仅仅是一个政策文本,而是自2001年以来,十余年内国家和地方为解决学校布局分散、学校学生数量少、办学效率低下等现实问题先后颁布的一系列教育政策。

二、研究现状

(一)国外研究现状

学校的布局调整在国外有不同的表述,有称为学校合并(School Consolidation)的,也有称为学校关闭(School Closing)的。国外中小学布局调整政策的实施早于我国很多年,已经经历了一个相对完整的中小学布局调整政策运转周期,相关研究也非常丰富。

1.中小学布局调整历程的相关研究

第一,是关于发展迅速的学校合并阶段的研究。美国早在19世纪与20世纪之交,为了解决城乡教育差距问题,就开始对农村小规模学校进行了大量合并,主要受到两种理论的影响,一个是贝茨等教育改革家关于农村学校模仿城市学校发展的理论;另一个是科南特在学校的规模与学生的学业成绩关系研究的基础上,提出的"规模效益"理论。后者的影响最大。科南特认为,最有效率的中学是足够大、能提供广泛的和各种各样的设备及便利条件的学校。他的这一理论促使美国农村学校合并运动愈演愈烈。在科南特理论的支持下,兴起了效仿城市学校,追求学校"规模效益"的农村学校发展模式,促使农村学校不断合并。仅仅在1919年至1929年的10年间,美国南部农村地区"一师校"数量就减少了37%,美国西部地区"一师校"数量减少了32%,东部地区"一师校"数量减少了23%。美国"一师校"的数量由1950年的60000所下降到1970年的2000所。[①]这一时期学校合并速度非常之快。

第二,是关于学校合并的质疑和反思阶段的相关研究。许多国家经过一段时期学校

---

① Schieman, S., Pudrovska, T. Pearlin, L.I., & Ellison, C.G. (2006). The American school layout adjustment principles of standard results and its improvement.Journal for the Scientific Study of Religion. 45(4), 529-532.

迅速合并的过程后,发现了许多问题,政策的执行结果普遍与原来的目标相违背,于是进入对学校合并进行质疑和反思的阶段。由于各国进行大规模学校合并的时间各不相同,因此反思的时期也存在差别。美国自 20 世纪 60 年代以后,日益认识到农村学校"规模效益"理论被"绝对化"了,人们开始对学校合并运动进行质疑和历史性反思。[①] 在加拿大,合并学区的大潮发生在道路条件不断得到改善的 20 世纪 20 年代。人们预期通过合并学区带来经费的节约,因为合并后将大大减少需要建造和维修的学校建筑,为了提高生师比,教师数量也会相应减少,然而这些费用的节约几乎没有发生。因为首先,交通费用成了一种额外增加的成本;其次,高年级由于学科范围的扩大,新开了许多科目,需要增加教室空间、教师和设备,这又构成附加成本。管理人员需要办公室,同样需要从教学中空出时间来完成管理任务,所以增加了花费。20 世纪 30 年代,另外一次重组的理论依据与上次合并同样,建议者肯定这次会产生真正的成本节约。结果同样没有取得成本节约的效果[②]。美国纽约州立大学教育与政策协会对学校规模与毕业生生均经费进行了比较研究[③],他们运用纽约州教育委员会第一次发布的 1995—1996 年度学校预算报告,从教育委员会的年度报告、中学概览以及《1996 届四年纵向报告与 1995—1996 年度辍学率》等资料,发现小规模学校与大规模学校相比,在辍学率和按时毕业率等方面具有明显的优势。

第三,是关于积极支持保留小规模学校阶段的相关研究。20 世纪 70 年代,美国逐渐由合并小规模学校转变为积极支持小规模学校的发展,其原因主要在于美国认识到小规模学校存在的重要价值。大量的研究表明:小规模学校无论在学生的学业成就、课外活动参与,还是在经济效益上,都比大规模学校表现更好,更有优势。于是美国开始积极支持小规模学校发展,并且通过财政投入进行加权给予特殊资金资助和通过特殊措施实行教师奖励。[④] 1993 年,一项有关学校董事会成员的研究发现,有 78% 的被调查者认为,较小的学区更容易管理,更能让市民参与学校事务,而大的学校则被认为是行政管理的噩梦之地。[⑤] 1987 年,托马斯·B.格里高利与杰拉尔德·R.史密斯在考察了几个研究之后认为,中学的学生应该不超过 250 名。他们认为大量地录取学生会导致学校偏重于秩序的控制和维持,并且使得一所没有名气的大规模学校很难在学生、教师和家长中建立起一种社会联系。另外,还有两位研究者的研究表明,在有 600～900 名学生的中学里,学生的学习是最好的;并且学生的学习效率随着学校规模的扩大不断下降。在较繁华的社

---

① Schieman, S., Pudrovska, T. Pearlin, L.I., & Ellison, C.G. (2006). The American school layout adjustment principles of standard results and its improvement.Journal for the Scientific Study of Religion. 45(4), 534—547.

② Giles, T.E.. Educational administration in Canada[M].1984 by Detselig Enterprise Limited Calgary, Alberta T3A2G3.

③ Powell, T. (2003).New Approach to the school scale and the graduates to embracing. Black Issues in Higher Education, 20(18), 34

④ 付卫东,董世华.当前美国支持小规模学校的重要举措及对我国的启示[J].外国中小学教育,2011(7):40—43.

⑤ [美]奥恩斯坦,丹尼尔.教育基础(第八版)[M].杨树兵,等译.南京:江苏教育出版社,2003:228.

区中,规模较大学校的学生学习效率较高,但在社会经济低下的居民或少数民族学生高度集中的学校,则要求小规模的学校给学生提供学习机会。[①]

2.中小学布局调整政策动因及标准的相关研究

中小学布局调整受到不同社会力量的推动。在美国,推动中小学布局调整的动因主要源于三个方面:一是,由城市化进程带来的社会驱动;二是,由追求规模效益带来的经济驱动;三是,由重视学生发展带来的教育驱动。美国的中小学布局调整主要以学校合并为主,美国的学校合并运动取得了促使教育资源配置更合理、提升了教师的业务素质和提高了学生的学业成绩等效果。但与此同时也引起了一系列争议,例如不少学者对合并后学校的规模效益和教育质量表示质疑,并认为学校合并会带来更高的辍学率。[②] 在加拿大,主要是城市化进程中学龄人口急剧减少的现实原因促使学校不断合并,原有的学校布局逐渐成为制约学校提升教育效益的瓶颈,所以教育管理者开始对中小学进行布局调整。

在国外,中小学布局调整的标准也各不相同。有研究表明,美国学校布局调整的标准主要包括四个方面,即:学校的规模、课程提供的全面性、当地的自然条件和经济发展水平。在美国,中小学布局调整尽管在一定程度上改善了学校间发展不均衡的现实状况,但同时也加重了居民的财政负担,导致学生成绩不断下降,以及上学路途中的安全隐患等问题。这引起了各州教育部门的高度重视,并对学校布局调整的程序以及指导原则进行了改进,采取了加强学区居民决定教育事务的权利,注重中立机构对合并学校学区的可行性的调查,以及强化学区布局调整的法定程序等措施。[③] Yeager 通过研究认为撤并学校要考虑三条标准,即综合考虑上学距离、交通工具等,将学生转到新学校的不适可以做到最小化;关闭学校对社会的影响可以降到最小;原有学校建筑可另有用途。[④] 世界银行全民教育资助项目专家 Serge Theunynck 的研究指出,在学校布局调整过程中最少量人口的需求也应得到满足,同时学校应该靠近学生居住点。在农村地区,多年级同班上课和只有一个教室的小学是必要的。学校布局标准应该关注以成本效益的原则覆盖所有孩子。[⑤]

---

① [美]奥恩斯坦,丹尼尔.教育基础(第八版)[M].杨树兵,等译.南京:江苏教育出版社,2003:227.

② Schieman, S., Pudrovska, T. Pearlin, L.I., & Ellison, C.G. (2006). The reason of American primary and secondary school layout adjustment, the present situation and enlightenment.Journal for the Scientific Study of Religion. 45(4), 529－549.

③ Roach, R. (2006). The American school layout adjustment principles of standard results and its improvement. Survey Finds. Diverse Issues in Higher Education, 23(23), 40.

④ Yeager, R. P., Rationality and retrenchment: the use of a computer simulation to aid decision making in school closing [M]. Education and urban society , 1979:11.

⑤ Serge Theunynck, School construction in developing countries: what do we know? www.worldbank.org/ education /pdf/EFAcase－Construceion.pdf, 2003.

（二）国内研究现状

1.中小学布局调整的相关研究

以"中国学术文献网络出版总库"的"高级检索"为搜索平台，以"农村"作为主题关键词，以"中小学"或含"学校"并且包含"布局调整"作为篇名关键词，起始时间不限，截止时间为2013年12月，共搜索到文献339篇，主要包括学术论文、硕士学位论文和博士学位论文三种成果形式，在2012年前后关于中小学布局调整的研究成果最多，如图1-1所示。

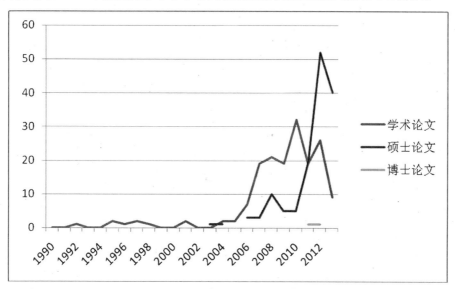

图1-1　有关"中小学布局调整"的研究成果统计图

中小学布局调整研究的起步阶段：农村中小学布局调整从20世纪80年代开始就在各地逐步开展，这个阶段主要是各地根据本地实际情况进行中小学布局调整，是局部展开。从论文发表上看，最初主要源于地方教育局等基层教育管理部门，主要是倡导中小学布局调整，介绍各地中小学实施布局调整所取得的成功经验。最早的一篇文章是湖北省枣阳市教委周明东1990年发表在《人民教育》杂志上的文章——《我们是怎样调整农村学校布局的》，文中指出农村学校布局是否合理，直接影响到办学效益。具体介绍了湖北省枣阳市3年布局调整所取得的成功经验。经过3年的努力，全市形成了乡镇办初中、中心小学，联办高小、完小，村办初小、教学点的学校合理布局。地方政府认为实践证明农村学校布局调整避免了盲目投资，减轻了农民的负担；优化了农村学校的教学环境，提高了学校的办学水平。[①] 由此可以看出，农村中小学布局调整是一个常态，在国家没有正式出台中小学布局调整相关政策以前，地方已经开始了农村中小学布局调整，这是地

---

① 周明东.我们是怎样调整农村学校布局的[J].人民教育，1990(11):16－17.

方解决现实教育问题的一种策略。但是在这个阶段,基本都是关于地方教育管理部门有关中小学布局调整的成功经验介绍,而缺少对其负面影响的探讨。另外,在这一阶段还没有专门科研人员介入,缺乏理论层面的探讨。

中小学布局调整的全面、宏观研究阶段:随着城镇化进程的推进和学龄人口的不断减少,国务院在《关于教育体制改革与发展的决定》中明确提出要"合理规划和调整学校布局"。随着国家政策正式出台,全国范围内便展开了一场轰轰烈烈的中小学布局调整热潮。由于政策迅速全面地贯彻,其问题也不断显现,引起了社会各界的广泛关注。2003年,《中国教育报》和《中国教师报》发表文章介绍了地方布局调整的状况,并对个别地区的"贪快"现象提出了警示。自此以后,关于中小学布局调整的相关研究越来越丰富,涉及的专家学者也越来越多。尤其是教育界知名学者庞丽娟教授和范先佐教授分别于2006年和2008年专门撰文分析了关于中小学布局调整的动力、问题、原因、方式选择及对策后,引起更多人的关注。特别是2008年以后,随着中小学布局调整政策在各地实施过程中所带来的负面影响不断增多,关于中小学布局调整中需兼顾教育公平和教育均衡的研究逐渐成为焦点。

中小学布局调整深入、微观研究阶段:2008年后,随着布局调整不断深入,出现的问题也越来越多,研究视角逐渐转向具体问题、微观问题,包括布局调整过程中利益群体问题以及布局调整后续衍生问题。如布局调整中遇到的:家庭教育支出问题[①]、学生的道德成长风险问题[②]、村民的利益诉求和保障问题[③]、教师的利益诉求问题[④]、学生就近入学问题[⑤]、县级政府的责任问题[⑥]、学生上学的交通问题[⑦]、富余教师的安置问题[⑧]、教育公平保障问题[⑨]、农村被撤并学校资产处置的政策选择问题[⑩]、农村寄宿制小学学生管理问题[⑪]等等。对农村中小学布局调整研究得更为深入与透彻,随之对农村撤点并校的质疑也越来越多。

布局调整"暂停"规划阶段:2012年,伴随着国家层面中小学布局调整政策的全面"暂

① 王志学.农村中小学布局调整背景下家庭教育支出研究[D].长春:东北师范大学硕士学位论文,2010.
② 杜维超.农村初中布局调整后学生道德成长风险研究——以鲁西南T市为例[D].金华:浙江师范大学硕士学位论文,2011.
③ 张绪敏.农村中小学布局调整中的村民利益保障问题研究[D].武汉:华中师范大学硕士学位论文,2011.
④ 吴娟.农村学校布局调整中的教师利益诉求[D].武汉:华中师范大学硕士学位论文,2011.
⑤ 苑健.学校布局调整背景下农村学生就近入学问题研究[D].长春:东北师范大学硕士学位论文,2011.
⑥ 张敬满.我国农村义务教育布局调整中县级政府责任初探[D].长春:东北师范大学硕士学位论文,2011.
⑦ 顾桂深.学生上学交通问题调查研究——以农村中小学布局调整为背景[D].广州:广州大学硕士学位论文,2011.
⑧ 陈力坤.农村中小学布局调整背景下富余教师安置问题研究[D].长春:东北师范大学硕士学位论文,2009.
⑨ 赵晶.乡村小学布局调整教育公平保障研究[D].重庆:西南大学硕士学位论文,2012.
⑩ 邬志辉,王存.农村被撤并学校资产处置的政策选择[J].教育发展研究,2009(21):6—10.
⑪ 王迎娣.布局结构调整后农村寄宿制小学学生管理问题研究——以江苏省S县农村寄宿制小学为例[D].南京:南京师范大学硕士学位论文,2011.

停"，21 世纪教育研究院举行了主题为"后撤点并校时代的农村教育"的 21 世纪农村教育高峰论坛，此次论坛对农村中小学布局调整政策实施 10 年的利弊进行了分析。在这次会上，21 世纪教育研究院院长杨东平教授发布了对农村教育布局调整的评价，并且重申基础教育的基本价值，强调应该坚持就近入学、坚持公平优先，要探索适合农村需要的教育，同时保障农村教育的各种投入。

2.关于中小学布局调整政策的相关研究

以"中国学术文献网络出版总库"的"高级检索"为搜索平台，以"农村"为主题，以"中小学"或含"学校"并且包含"布局调整政策"为篇名，起始时间不限，截止时间为 2013 年 12 月，共搜索到文献 21 篇。其中硕士论文 3 篇；会议论文 2 篇；其他为一般研究文章。

第一，是政策执行动力研究。中小学布局调整政策执行动力是促使农村中小学撤点并校迅速推进的主要原因，姜荣华从历史发展的角度论述了我国从新中国成立以来至今中小学布局调整政策的变迁过程与阶段性发展特征，并指出中小学布局调整政策变迁的动因有两个方面：一是，城乡之间、农村内部教育发展的严重不均衡；二是，我国教育的独立性问题。其中，2001 年至今我国中小学布局调整政策的执行主要源于人口与社会动力以及体制与政策动力。[①]

第二，是政策的评价研究。一项政策执行一段时期后都要进行一定程度的评价，这是政策执行过程的重要组成部分。叶敬忠等从不同社会行动者的视角出发，探讨学生、教师、家长、合并学校校长、乡镇政府工作人员以及教育部门领导等是如何对待农村中小学布局调整政策的实施及其影响的。[②] 卢珂从教育质量视角出发，具体从增值性评估的角度进行了实证分析。研究发现，中小学布局调整政策对当前教育质量具有显著的负效应，这主要由于学生上学距离变远、并校后相关设施不健全等因素所致。从长远来看，这种负效应并非常态，认为政府应做好监督和指导，加大财政投入；学校方面应做好转入学生的心理疏导，保证配套设施及时到位，进而促进农村学校布局调整政策实施中学校教育质量的提高。[③]

第三，是政策的改进策略研究。一项政策被评价之后，对其存在的问题应该提出相应的改进策略，其中比较有代表性的有以下几位学者的研究成果：王平从公民资格理论的视角出发，通过对中小学布局调整政策的文本、现实问题和相关利益群体的分析，认为

---

① 姜荣华.农村学校布局调整政策的历史沿革与文本分析[C]."城乡教育一体化发展的国际经验与本土实践"国际学术研讨会论文集，2013.
② 叶敬忠，陆继霞，孟祥丹.不同社会行动者对农村中小学布局调整政策的回应[J].中国农村经济，2009(11)：87—96.
③ 卢珂.农村学校布局调整政策效应评估：基于教育质量视角的增值性评估[J].现代教育管理，2011(3)：39—42.

中小学布局调整政策的实施应该更加关注积极公民资格的培养和运用。① 张婧梅则在教师实证调查的基础上提出在中小学布局调整政策的制定和实施过程中,应该逐渐扩大教师的话语权。② 赵杰通过对中小学布局调整政策变迁的回顾,指出历史变迁的背后隐含着"公平"与"效率"的博弈和政策利益相关者的利益分配格局。他也指出,在以后中小学布局调整政策的实施中首先要做到"公平与效率并重",认为其中"公平"应具备优先权;其次,要加强对薄弱学校和教学点发展的关注;最后,认为应该将中小学布局调整政策上升到法律层面,写入《中华人民共和国义务教育法》。③ 为使农村中小学布局调整政策达成其预期目标,姚松认为还应该构建相应的社会化机制,形成主客体均衡博弈的平台,进而约束地方政府的不合理行为,由此来规制地方政府执行政策的不良行为。④

3.民族地区中小学布局调整政策的相关研究

有关民族地区中小学布局调整政策的研究成果不是很多,主要有周大鸣教授2003年对云南省维西县藏族聚居地的研究,他在对基础教育田野考察的基础上指出,由于少数民族地区存在地域辽阔、山高谷深、交通不便、居住分散等特点,对于少数民族地区学校教育的发展规划,既要坚持发展寄宿制学校,实行集中办学,同时也要在深入调查了解民族地区教育实际的基础上,保留教学点,并在项目中予以一定的投入。教学点在目前对提高民族地区基础教育水平还有着不可取代的作用,应该把集中办学带来的寄宿制学校与原来分散的教学点相结合。⑤ 另外,早在1988年,王锡宏对我国边境民族地区进行了系统的调查研究,在有关教育方面的调查研究中指出:那里的小学布点过于分散,并认为这是影响边境少数民族学校教育发展的重要因素。⑥ 小学布局过于分散是云南各边境州、县普遍存在的问题。如德宏州全州小学在校学生119359人,却设立了1446所小学,平均每校仅82人。另外,不少村寨仅一路之隔也分村建校,规模太小,班次太少,造成人、财、物的极大浪费,因此提倡加强集中办学。⑦ 郝亚明通过一个蒙古族聚居村落的案例,分析了乡中小学布局调整对民族地区乡村基础教育发展的冲击,认为这种"一刀切"

① 王平.农村义务教育学校布局调整政策实施过程分析——公民资格的视角[J].当代教育科学,2013(20):3—7—12.

② 张婧梅.义务教育学校布局调整政策研究——基于教师的实证调查[D].武汉:华中师范大学硕士学位论文,2012.

③ 赵杰.农村义务教育学校布局调整政策:变迁、反思与展望[J].教育发展研究,2013(8):57—64.

④ 姚松.农村中小学布局调整政策执行之阻滞与矫正[J].教育学术月刊,2013(2):89—92.

⑤ 周大鸣.西部民族教育与发展——云南省维西县基础教育调查[J].西南民族大学学报(人文社科版),2007(1):40—44.

⑥ 王锡宏.中国边境民族教育[M].北京:中央民族学院出版社,1990:46.

⑦ 王锡宏.云南边境民族教育调查综述[J].民族教育研究,1989:84—96.

的中小学布局调整政策显然不能说是成功的。① 相关的研究还有朴红月选取云南省德宏州西山乡作为调查点,对该乡学校布局调整政策进行了全面的调查和分析。该研究认为,在少数民族地区的中小学校布局调整过程中,首先,应赋予政策目标群体的政策参与权利;其次,政策执行方案不仅要翔实,更重要的是切实可行;第三,要提高政策实施者的政策执行力,不断完善政策执行机制;最后,要加强学校布局调整政策决策的合理性与公平性,从而保证政策执行过程中教育公益性和受教育者利益分配的公平。②

4.文化与政策关系的研究

第一,是文化因素影响政策制定的相关研究。文化因素对政策的制定起到了一定程度的影响,尤其在民族地区应该成为政策制定过程中重点考虑的因素。张桥贵教授基于云南民族地区的研究指出,在民族地区,地方政府必须保证对少数民族地区特点的深入了解,认清民族地区的特殊性,尊重民族地区的文化习俗,从而在此基础上制定出符合本地方特殊性、复杂性的法规、规章和特殊性政策。只有这样,地方管理与民族地方的发展才能相契合,才能促使民族地区的政治、经济、文化等各项事业迅速地发展。③

第二,是文化对教育政策的影响。关于文化对教育政策影响的相关研究不是很多,只是散见于一些著作之中。褚宏启主编的《教育政策学》一书中指出:"文化传统对教育政策有着一定的影响。其一,文化传统常常以一种'遗传基因'的作用方式融入现实,形成一股强大的力量去影响人们,赋予人们特定的思维方式、价值观念,使人们不自觉地带着这种教育传统去制定教育政策。其二,文化传统在一定程度上决定着具体政策目标和方案内容。"④从我国现阶段的相关研究来看,从文化视角对教育政策的研究主要集中在课程政策方面,如戴铁军指出影响教育政策的传统文化因素主要有"重文轻理""学而优则仕"等方面。由于传统文化的改变是一个渐进的过程,因此教育政策的决策者必须采取循序渐进的方法,在充分论证和试点的基础上,制定和实施教育政策。⑤ 因此,对中小学布局调整政策的研究应该加强对文化因素的关注。

(三)已有研究述评

从理论层面上看,中小学布局是一项系统而复杂的社会工程,其影响因素是多方面的,因此需要综合不同学科理论来加以研究。然而,目前在指导学校布局调整的相关理

① 郝亚明.略论乡镇机构改革对民族地区农村基础教育的冲击——以内蒙古白村调查为例[J].天津学术文库(中),2011:468-474.
② 朴红月.少数民族地区学校布局调整政策执行与影响研究[D].北京:中央民族大学硕士学位论文,2011.
③ 张桥贵.少数民族文化的特征与变迁[J].云南民族大学学报(哲学社会科学版),2005(3):79-83.
④ 褚宏启.教育政策学[M].北京:北京师范大学出版社,2011:109.
⑤ 戴铁军.简论传统文化因素对教育政策的影响[J].现代教育科学,2006(1):24-25.

论模式中,规模经济理论仍然占据主导地位,而很多其他的研究则普遍缺乏相关理论模式的指导,导致这方面的研究显得支离破碎,缺乏整合性。

从研究对象上看,已有研究多是在东中部地区、汉族地区开展,从已经完成的三篇博士论文研究对象上看,第一篇选取的是东部的一个镇[①],第二篇是中西部六省区的广泛调查数据[②],第三篇是东中西部六个县的调查数据[③]。西部少数民族地区的专项研究比较薄弱,已有的普遍泛泛而谈,不够深入,没有抓住民族地区布局调整的独特之处,对农村学校教育发展的特殊性认识也不够。

从研究视角上看,主要集中于经济学角度来评价布局调整前后各个相关群体各方面的收益问题,探讨各个主体之间的利益博弈,而缺乏从人与社会发展和彼此之间和谐发展的长远角度的深入思考和论证。

总之,在中小学布局调整过程中出现的一系列问题主要源自中小学布局调整政策的出台与实施,但是已有研究从政策学视角对布局调整的研究较少,尤其从政策学视角对民族地区中小学布局调整政策的研究更少。因此,本文主要偏重于从政策学视角,以典型的民族县——M县为研究个案,在扎实的田野考察基础上对民族地区学校布局调整政策进行深入研究,剖析中小学布局调整政策实施中出现问题的政策根源,反思我国基础教育政策过程问题,提出有针对性的建议,进而提升我国教育政策实施的有效性以及中小学布局调整政策在民族地区实施的适切性。

---

① 张洪华.农村中小学布局调整中的利益博弈——基于苏镇个案的实地研究[D].上海:华东师范大学博士学位论文,2011.

② 周芬芬.效率与公平:农村中小学布局调整的目标冲突与协调[D].武汉:华中师范大学博士学位论文,2008.

③ 刘善槐.农村学校布局调整决策的科学化、民主化与道义化研究[D].长春:东北师范大学博士学位论文,2012.

第三节 研究对象

中小学布局调整政策是当下我国最具影响力的基础教育政策之一,对我国基础教育的发展产生了重要的影响。本研究的主要研究对象是中小学布局调整政策,那么首先应该对中小学布局调整政策本身要有充分的认识。所以本章主要对中小学布局调整政策的产生背景、政策内容以及政策出台的理论依据进行论述,为后续研究做好铺垫。

一、中小学布局调整政策的制定背景

中小学布局调整政策的酝酿由来已久,早在 1995 年,教育部、财政部联合组织"国家贫困地区义务教育工程"第一期(五年)工程,实施范围集中在 22 个省、自治区、直辖市及新疆生产建设兵团的 852 个贫困县,其中,推进中小学布局调整被列为项目县四大重要目标之一。[①] 1986 年,我国颁布实施了《中华人民共和国义务教育法》,该法明确指出:"义务教育事业在国务院领导下,实行地方负责,分级管理。地方各级人民政府应当合理设置小学、初级中等学校,使儿童、少年就近入学。"基于此项规定,我国针对农村中小学进行了比较成规模的中小学布局调整,期间撤并了一批小规模学校和教学点。然而,此后由于面对沉重的"扫盲"和"普九"任务,使得当时我国农村中小学要承担的生源数量非常大。因此,在 1980 年到 2001 年农村中小学布局调整政策正式实施以前,我国农村中小学校的数量事实上一直在增长,以适应人口以及生源压力[②]。在国家、社会各界的努力之下,"镇办初中,村办小学"的地方分管体制由此而生,甚至一些大的村落拥有自己的九年一贯制学校。在这个基础上,20 世纪 90 年代中后期,我国基本完成了"扫盲"和"普及九年义务教育"的任务。也正是在这个过程中,我国社会结构发生了深刻的转型。首先,农村城镇化水平迅猛提高,农村人口逐渐减少,同时由于计划生育政策的有效实施和生育观念的转变,我国人口出生率大幅降低,致使农村学龄儿童数量急剧减少,大量校舍利用率低。其次,由于在农村税费制度改革下,乡村学校办学经费持续紧张,集中办学成为基层政府有效利用教育经费的重要途径。再次,农民对教育质量的期望不断升高,他们在实现"有学上"的基础上,出现了"上好学"的强烈需要。以上这些现实情况都促使国家和地方政府着手新一轮的农村中小学布局调整。事实上,"从 1998 年起,大多数省份都陆续开展以'并乡、并村、并校'和'减人、减事、减支'为核心内容的乡镇机构改革"[③]。并

---

① 周大平.农村学校布局调整的曲与直[J].瞭望,2013(24):25.
② 王晓慧.农村中小学布局调整的三个问题[J].长春市委党校学报,2011(1):28—31.
③ 崔多立.应重新评估农村"撤点并校"的实效[J].教育探索,2012(3):86—87.

且,在教育部 1998 年出台的《关于认真做好"两基"验收后巩固提高工作的若干意见》中已经明确提到了要"合理调整中小学校布局"。1999 年颁布了《中共中央、国务院关于深化教育改革,全面推进素质教育的决定》,提出为加速农村地区教育的改革与发展,农村地区要优化自己的学校结构,合理地调整学校的布局,在注意学校适度规模的情况下,采取集中办学的策略对学校布局进行调整。

二、中小学布局调整政策内容

本研究以政策文本的针对性和实际效力为标准,选取了 9 份国家层面的与中小学布局调整直接相关的政策文本,其中名称含有"布局调整"的文件有 4 份,名称不含"布局调整"但内容直接体现"布局调整"的文件有 5 份。云南省出台的中小学布局调整政策文件 4 份,M 县主要出台的中小学布局调整实施规划方案 2 份。

(一)国家层面颁布的中小学布局调整政策

自 20 世纪 90 年代以来,由于生源持续减少,地方政府财力有限,大量村办小学重复建设,教育资源配置不合理等现实问题,中小学布局调整在全国各地逐步展开。2001 年 5 月,国务院颁布了《关于基础教育改革与发展的决定》,该文件首次正式提出农村中小学布局调整这一教育政策,使中小学布局调整从地方自发行为变成国家的政策。这一文件一经出台后便得到地方行政部门的大力推行,于是全国各地掀起了一场轰轰烈烈的农村中小学撤并运动,在取得一定成效的同时也出现各种问题,其中最为突出的是地方在农村学校撤并工作中因简单化和"一刀切"而产生的一系列问题,到 2011 年,我国农村中小学数量减少了一半,小学在校生数量减少了 23.72%。为了改变中小学数量急剧减少这一趋势,2006 年 6 月,教育部连续出台两项调节性政策——《关于实事求是地做好农村中小学布局调整工作的通知》和《关于切实解决农村边远山区交通不便地区中小学生上学远问题有关事项的通知》,试图扭转这一局面,但并没有遏制住撤点并校的强大势头。2010 年 1 月,教育部印发《关于贯彻落实科学发展观进一步推进义务教育均衡发展的意见》,这是遏制农村学校乱撤并的第三项调节性政策。但撤点并校的势头还是在各地持续蔓延,而且还进一步卷向了城镇。直到 2012 年 9 月国务院办公厅《关于规范农村义务教育学校布局调整的意见》的出台,各地的"撤点并校"政策才全面暂停,农村中小学的撤并才真正停止。

(二)云南省颁布的中小学布局调整政策

我国中小学布局调整政策的执行是一个自上而下的过程。国家出台的中小学布局调整政策是面向全国范围中小学的。由于我国地域辽阔,各地教育和经济等情况比较复杂,甚至一些地区差别悬殊,所以,国家出台的中小学布局调整政策为了综合考虑各地区的整体情况,不免相对宽泛。因此,这就需要执行政策的行政部门(主要包括省级行政部门和县级行政部门),根据国家层面的中小学布局调整的政策文件,在综合考虑当地实际情况的基础上,因地制宜地执行与落实上级行政部门制定的中小学布局调整政策。

2001 年国家层面的中小学布局调整政策正式出台以后,同年云南省就出台了《云南省人民政府贯彻实施国务院〈关于基础教育改革与发展的决定〉的意见》,并且对云南省中小学布局调整规定了具体的撤并要求和撤并标准(如表 1-1 所示)。

2009 年 11 月,云南省中小学区域布局调整工作会在楚雄召开,《云南省中小学区域布局调整指导意见》下发至各州、市、县人民政府,云南省中小学校的"撤点并校"工作也自此次会议推进得更为深入。

截至 2011 年底,云南省对全省中小学进行了大规模的收缩与集中,共计撤并了 9308个小学校点和 112 所中学。

2012 年 9 月,国务院办公厅下发文件《关于规范农村义务教育学校布局调整的意见》,该文件提出"坚决制止盲目撤并农村义务教育学校",并要求全国各地"在完成农村义务教育学校布局专项规划备案之前,暂停农村义务教育学校撤并"。基于此,云南省暂停中小学的撤点并校,并按照教育部的相关要求重新制定中小学布局调整的专项规划。同时,部分州、市中小学校点的恢复工作也开始进入规划层面。

表 1-1　云南省颁布的相关政策文件

颁发时间	政策名目	颁发主体	政策条文内容摘录
2001 年 12 月 3 日	《云南省人民政府贯彻实施国务院〈关于基础教育改革与发展的决定〉的意见》	云南省人民政府	调整优化中小学布局。按照"小学就近入学、初中相对集中、优化教育资源配置"和"以提高办学效益为目标,集中办学为方向,宜并则并,需增则增"的原则,由县统筹,继续调整中小学布局。调整工作要因地制宜、实事求是,重点是规模小、效益差的小学、教学点和初中。实现"普九"后,初中办学规模每校应不少于 9个班、450 名学生。 大力促进贫困地区和少数民族地区义务教育的发展。采取特殊措施,加大对贫困地区和少数民族地区教育的扶持力度。继续加强省定民族中小学建设,扩大办学规模。地(州、市)、县(市、区)的直属学校或一级学校,要根据实际情况,开办民族班,主要招收欠发达地区的少数民族学生。结合中小学布局调整,新建、改扩建一批寄宿制、半寄宿制小学,逐步增加半寄宿制小学生数量,"十五"期间每年新增半寄宿制小学生 6万人。进一步加强边境一线中小学校建设,建成一批窗口学校。加快发展跨境而居的少数民族的教育,促进民族团结和边疆稳定。

续表

颁发时间	政策名目	颁发主体	政策条文内容摘录
2009年11月6日	《云南省中小学区域布局调整指导意见》	云南省人民政府办公厅	1.以集中办学为方向,合理收缩教学点,全部撤销现有"1师1校"点。 2.原则上撤并300人以下的村小和教学点。每个乡镇集中办好1所寄宿制中心完小和若干村完小,校均规模逐步达到300人以上。 3.原则上人口在2万人以上的乡镇举办1所初中,5万人以上的乡镇可举办2所初中,10万人以上的乡镇可举办3所初中,校均规模应达到1000人以上;人口在2万人以下或者学生规模达不到1000人的乡镇原则上不再设初中,可设立九年一贯制学校,或突破乡镇区划,与邻近乡镇联合办学。 4.原则上确保3年完成中小学区域布局调整各项任务。小学和初中撤并工作,2009年完成工作总量的10%,到2010年完成工作总量的50%,到2011年完成工作总量的80%,2012年内全部完成。"1师1校"教学点撤并工作,2009年完成工作总量的25%,2010年完成工作总量的65%,2011年全部完成。
2013年6月26日	《云南省人民政府办公厅关于规范农村义务教育学校布局调整的实施意见》	云南省人民政府办公厅	规范农村义务教育学校布局是一项科学性极强、严肃审慎的工作,必须从我省边疆、山区、民族、贫困的实际出发,实事求是、科学审慎地推进。

(三)M县颁布的中小学布局调整政策

县级教育行政部门属于最基层的国家教育政策的执行部门,由于他们更为偏重具体政策的执行与落实,所以规范性的文件不多,更多的是具体的中小学布局调整政策的执行规划。其中比较重要的是两个县级层面的中小学布局调整规划,如表1-2所示。

表 1-2　M 县颁布的相关政策文件

颁发时间	政策名目	颁发主体	政策条文内容摘录
2004 年 7 月	《M 县教育事业发展规划（2004—2010)》	M 县人民政府	由于近年扶贫搬迁、计划生育国策的成功实施,加之历史造成的诸多原因,目前我县中小学布局不尽合理,校点分散,办学效益较低,教育资源浪费等情况依然存在。同时,2007 年前正值我县学龄人口高峰,如何科学规划,正确处理现实需求与长远利益的矛盾,充分发挥有限资金的使用效益,是我们必须处理好的一个重大问题。科学规划,对实现学校布局合理化、办学条件标准化、学校管理规范化、促进山坝区教育协调发展,避免重复建设和教育资源浪费具有现实而深远的指导意义。
2012 年 12 月	《M 县中小学区域布局调整规划（讨论稿)》	M 县人民政府	结合全县实际,统筹考虑城乡流动人口,农转城政策,学龄人口变化,以及当地农村地理环境及交通状况,教育条件保证能力,学生家庭经济负担等因素,充分考虑学生年龄特点和成长规律,处理好提高教育质量和方便学生就近上学的关系,努力满足农村适龄儿童少年就近入学,接受良好义务教育的需求,通过对全县乡镇发放问卷调查表、召开会议等形式,征求乡镇领导、机关站所、村委会干部、小组干部、学生家长对《M 县农村义务教育学校区域布局调整专项规划》的意见和建议,在广泛听取意见建议基础上,根据当地人口和学龄人口状况,结合学校现有实际,原则上人口相对集中的村寨或教学点,人口稀少,地处偏远,交通不便的地方视具体情况保留、撤并或恢复教学点,农村小学 1-3 年级学生原则上不寄宿,就近走读上学;小学高年级学生以走读为主,确有需要的可以寄宿,初中学生根据实际可以选择走读或寄宿。

　　在县级行政部门制定中小学布局调整政策规划的规程中,每个乡镇为配合县级教育行政部门的规划,对其所辖区域的中小学也做了一些具体的布局调整规划。由于 M 县的乡镇数量繁多,各个乡镇规划又大同小异,所以在此仅仅列出了一个比较有代表性的乡镇层面的规划,如 MH 镇小学区域办学布局的实施方案。

一、MH 镇小学目前现状

MH 镇辖区有 7 个村委会,81 个村民小组,共有人口 31241 人。自 2003 年 28 所学校合并为目前的 6 所完全小学,总占地面积为 97800 平方米,校舍建筑总面积为 26212 平方米,其中:两所寄宿制完全小学(镇中心小学、HK 小学)有住校生 593 人,全镇有 63 个教学班,在校生有 2495 人。其中:学前班 13 个班 583 人;教师有 143 人,平均年龄 41 周岁。

1.MH 镇中心小学。有 17 个教学班,在校学生 855 人,教师 54 人,住校生有 392 人。该校服务 28 个自然村(含 MG 村委会 8 个自然村),人口 8148 人,服务半径为 8 公里。

2.MG 小学。有 10 个教学班,在校学生 342 人,教师 20 人。该校服务 12 个自然村,人口 4820 人,服务半径为 3 公里。

3.MB 小学。有 9 个教学班,在校学生 338 人,教师 15 人。该校服务 8 个自然村,人口 4301 人,服务半径为 3 公里。

4.MS 小学。有 8 个教学班,在校学生 320 人,教师 17 人。该校服务 9 个自然村,人口 4365 人,服务半径为 5 公里。

5.MS 小学。有 8 个教学班,在校学生 288 人,教师 14 人。该校服务 15 个自然村,人口 4775 人,服务半径为 4 公里。

6.HK 小学。有 10 个教学班,在校学生 352 人,教师 14 人,住校生有 201 人。该校服务 9 个自然村,人口 4107 人,服务半径为 18 公里。

二、集中并校的规划及布局

2009 年 10 月,按照省、州、县有关调整校园布局、规划的"校安工程",根据各级各部门会议、文件精神,对 MH 镇教育进行了多次调研,县校安办到学校进行了实地勘察和论证后,确定 MH 镇小学划分为两个校区,即 MH 镇中心小学改扩建工程(今后命名 MH 镇第一小学,容纳 MS、MS、HK、MG 及镇中心服务范围的生源),MG 村委会小学(今后命名 MH 镇第二小学,容纳 MB、BLS 乡 MG 村委会部分学生及 MG 村委会服务范围的生源)。

1.MH 镇第一小学。计划有 35 个教学班,在校学生 1925 人,教师 101 人,住校生达 1200 人左右。服务全镇 84 个自然村的 31688 人,服务半径为:山区最远的为 28 公里(帮盆),最近的为 8 公里;坝区最远的为 8 公里,最近为 3 公里。

2.MG 小学。有 10 个教学班,在校学生 570 人,教师 35 人。服务 12 个自然村,人口 4820 人,服务半径为:3 公里。

MH 镇中心小学

2012 年 10 月 11 日

三、中小学布局调整政策出台的理论依据

（一）规模效益理论

规模效益理论是支撑中小学布局调整政策的一项重要理论。该理论曾经用于我国高等教育的结构调整问题，目的是提高普通高校的教育质量和办学效益。该理论认为，随着学校规模的扩大，教师分工可以更加明确，从而提高教学工作的专业化程度，有利于教学方法的改进，提高教学技术水平，教学质量和效率也因此得到提高；学生在课程方面有更多的选择，学生的知识面会更宽，将来走向社会有更强的适应性和灵活性，从而导致高等教育的社会经济效益的提高。[①] 现阶段，该理论已经成为中小学布局调整决策过程中的主要理论依据。根据此理论，教育行政部门及其他决策者普遍认为学校的规模越大，办学越有效益，大规模学校有更多的机会聘任到更为优秀的教师。由于学生数量多还可以扩大班级规模，同时还可以实现学校图书等资源利用率的最大化，从而有助于全面提高学校的教育教学质量和学校的办学效能，有助于发挥学校办学的规模效益进而节约办学成本。[②] 受此理论的影响，教育部负责人曾专门指出：在中小学布局调整政策的实施过程中，要下大力气合理调整现有学校布局……实行集中办学，最大限度地发挥学校的规模效益。[③] 由此可见，无论是国家层面还是地方层面，规模效益理论已经切实成为中小学布局调整政策实施的重要理论依据。

（二）教育公平理论

教育公平是社会公平的一部分，是社会公平在教育领域的体现。教育公平是指在特定的社会条件下，每个人都享有平等地接受教育的权利和机会，促使每个人得到自由而充分的发展。从教育经济学的视角来看，教育公平往往与教育资源的分配与享有密切相关，具体表现为个人获得的教育资源与其对社会的贡献相称。从社会心理学的视角来看，教育公平是大多数人对教育现状的认可。教育公平是一个动态的过程，教育公平理论涉及教育机会的均等、教育起点的均等、教育过程的均等、教育结果的均等、教育资源分配的均等、选择机会的均等、能力分配的均等等诸多方面[④]。其中教育机会和教育起点是教育公平的基础，如"不让孩子输在起跑线上"已经成为当今社会上一种普遍的教育取

① 丁小浩，闵维方.规模效益理论与高等教育结构调整[J].高等教育研究，1997(2)：1—7.
② 邬志辉，史宁中.农村学校布局调整的十年走势与政策议题[J].教育研究，2011(7)：22—30.
③ 周大平.农村学校布局调整的曲与直[J].瞭望，2013(24)：25.
④ 易红郡.西方教育公平理论的多元化分析[J].湖南师范大学教育科学学报，2010(4)：5—9.

向,这里所体现的是教育起点的公平问题,而教育资源的均衡配置则是教育起点公平的基础。教育公平是相对的,没有绝对的教育公平,我们需要不断努力实现相对的教育公平。由于我国地域辽阔,各地教育发展差距很大,例如,东西部之间的教育发展、城乡之间的教育发展等等,而教育作为国家的公共性事业,教育活动应当尊重社会全体成员的共同利益,国家、社会、学校应维护教育的公益性①,这就需要国家承担起促进教育均衡发展的责任。在中小学布局调整政策的一系列政策文本中,都体现了实现教育公平的政策目标。例如《教育部关于贯彻落实科学发展观进一步推进义务教育均衡发展的意见》(教基一〔2010〕1 号)中指出:"面对人民群众要求接受更加公平和更高质量教育的新期待,需要全面贯彻落实科学发展观,进一步推进义务教育均衡发展。"我国所实施的中小学布局调整政策的一个主要目的就是缩小不同地区、不同学生之间所享有教育资源的差距,促进教育的均衡发展,逐渐实现教育公平。

---

① 张维平.维护教育的公益性[J].求是,2005(14):48—50.

第四节 研究设计

一、研究思路

本研究主要遵循"发现问题—分析问题—解决问题"的研究路径来展开。首先,通过田野调查呈现中小学布局调整政策在民族地区执行结果不好的现实问题,基于尊重、保护民族文化,尊重民族感情,培养民族学生和谐发展的立场,论证中小学布局调整政策出现问题的原因。其次,通过文献分析,把握中小学布局调整研究状况,发现其研究的不足之处,为本研究找到研究基础和生长点。再次,运用政策生态学理论和政策过程理论分析民族地区执行中小学布局调整政策结果不好,也就是并校出现问题的政策根源,具体从政策制定、政策执行和政策环境三个维度来归因分析。复次,由于教育政策效用的有限性,并校问题的许多原因在政策实施过程中又不可避免,所以有必要进一步探究政策本身的合理性问题,探讨教育政策制定的法理学基础。最后,在政策归因分析与法理探讨的基础上,从理论与实践两个层面提出解决问题的对策与建议。

二、理论基础

1.公共政策过程理论

公共政策过程理论又被称作"教科书式的政策过程理论"或者"启发性的阶段论"。它主要是围绕政治改革的政策选择、政策制定和政策执行等方面的相关问题展开的理论假设和实证检验。政策过程的阶段启发法从 20 世纪 70 年代开始成为一个有用的分析工具,其渠道是把复杂的政策过程划分为分散的阶段,并在特定的阶段——特别是议程设置——进行了卓越的研究。到目前为止,把政策过程分为一系列的阶段——通常是议程设置、政策构建和合法化、政策实施以及评估,同时分析各阶段具体进程的影响因素,这仍然是理解政策过程最有影响力的概念性框架。其主要代表人物有:哈罗德·拉斯维尔、加里·布鲁尔、纳库缪拉、琼斯、安德森以及德利翁等[1]。

政策的动态运行过程是指公共政策从无到有再到终结的动态运行过程。公共政策

---

① [美]萨巴蒂尔.政策过程理论[M].彭宗超,钟开斌,译.北京:生活·读书·新知三联书店,2004:21—29.

源于解决具有共性的社会问题的需求,围绕着解决公共问题的目标,开始多个环节的动态运行过程,其中每一个环节都关系着问题能否有效解决,关系着政策的成功与失败。

第一,问题是个人的实际获得与需求之间的差距。任何一个社会在一定的发展阶段都会有总体目标,由于政府机构所拥有的解决社会公共问题的资源、手段和能力有限,只有一小部分影响大的社会公共问题才能转化为政策问题。

第二,设计解决问题的政策方案、确定政策目标的过程是方案规划与决策,同时,为了增强其在现实中的权威性和合法性,还要经过法律程序使之具有合法性。

第三,政策执行是政策执行者通过建立组织机构,运用各种资源,采取解释、宣传、试验、协调与监控等各种行动方式,将制定的政策付诸实施,实现政策目标的活动过程。这也是政策执行主体与调适对象的互动过程。

第四,评估与终结。政策运行过程一方面说明了公共政策以解决问题为目的,另一方面也说明了政策将通过一系列复杂的动态过程来完成自己的使命。任何一项公共政策都不能无休止地执行。问题得到了解决,政策的使命也就完成了;问题若是长时期得不到解决,就说明此项政策不合时宜,要调整或修订,这是另一种形式的政策终结。一项政策是否应该终结要以评估结果为依据。

在政策领域,公共政策过程理论是应用最广泛的一个理论。"在区域教育政策过程中,区域教育政策制定与执行是最核心的环节,是任何政策过程不可或缺的环节;同时,在区域教育政策过程中,许多县域教育政策的制定都带有试验性,需通过执行过程去检验,在区域教育的实践中不断完善,因此,区域教育政策的制定就是为了执行,作为区域教育政策核心环节的政策制定与执行之间就有了因果关系。"[①]所以,在政策的实施过程中,政策的制定和执行对政策问题的影响最大。杨润勇在《教育政策行为研究——以县级区域为例》一书中所提出的区域内教育政策过程简约论比较符合本研究的实际情况,即从政策制定和政策执行两个维度来展开县域内教育政策研究,所以本研究主要选择政策制定和政策执行对 M 县并校问题进行政策归因研究。

2.政策生态学理论

关于政策生态的论述源自美国公共政策学创始人拉斯韦尔,他阐述了政策学科的三个特征:跨学科性、情境性和问题导向的本质和规范性。其中,对于情境性,拉斯韦尔认为,以往政策的研究主要受限于注意的焦点,从而导致社会情境描述和分析的失败。因此,他特别关注政策分析与外部环境之间的关系。他对情境性的定义是:"公共政策作为一个整体社会过程的认知图,公共政策的问题不可能脱离特定的经济、政治、社会和文化

---

① 杨润勇.地方教育政策行为研究——以县级区域为例[M].北京:教育科学出版社,2011:59-60.

环境。"①他提出的"情境性"实质就是研究公共政策的生态。Brunner 对拉斯韦尔政策学中的情境性作了补充和完善，他认为在不同环境下，报偿体系均有所不同，环境因素也对不同的个体或群体产生影响，政策学家应根据环境、时间、资源来研读判别信息，并且以系统、广博而有效率的方式来提供注意力的指引。② 公共政策生态环境对公共政策制定和执行等过程有着重要的影响。

从政策环境与政策过程的关系来看，在政策过程中，政策的制定者、实施者构成了政策过程的主体，产生政策问题。对政策过程发生影响的各种经济、政治、社会、文化因素构成了政策过程的外部环境。就此而论，政策过程是一个政策主体与一定的政策环境相互作用的过程，是政策主体意识到政策环境产生的政策问题后，通过制定政策和执行政策来引起政策环境按照政策主体的意愿发生某种改变的调控过程。因此，特定的政策主体和特定的政策环境相结合，必然产生特定的政策过程。③ 对于民族地区来说，正是政策主体和政策环境的特殊性以及它们之间的相互作用，使教育政策过程成为一个具有特殊性的过程。这个过程中的内容和特点都可以从这个特定的政策主体和政策环境中得到说明。因此，要研究云南少数民族地区的中小学布局调整这一典型教育政策过程，分析这一教育政策的政策主体和政策环境是首要任务。政策过程的主体主要包括制定政策的主体和执行政策的主体。

对于民族地区中小学布局调整政策来说，政策的制定、政策的执行和政策环境三者之间的关系更为紧密，这三者之间能否达到契合状态，已经成为一项教育政策在民族地区能否有效执行的核心问题。因此，本研究主要通过三者之间相互作用的深入分析来解读 M 县中小学并校问题的政策根源。

3.分析框架

在我国，具体教育政策的执行主要是由基层教育行政管理部门来完成，而他们所执行的教育政策是国家和上级行政部门制定的，相对比较宏观，需要他们在执行过程中不断地细化，这个过程属于一定程度的具体政策的再制定和执行过程。政策执行并非政策制定的结束，相反，它是政策制定连续过程中的另一阶段的开始，它的重要性与政策规划是一样的。因此，政策制定与政策执行是两个不可分割的功能领域。④

为了较为科学地探讨由中小学布局调整政策导致并校问题的政策根源，深刻分析布局调整政策的深层原因，本研究拟在政策过程理论和政策生态学理论的基础上建立自己的核心分析框架，如图 1-2 所示。

① Harold. D. Lasswell, The emerging conception of the policy sciences [J]. policy sciences, Vol,1, 1970: 1—15.

② Ronald. D. Brunner, Book review: milestone in the policy science [J]. Policy science Vol,29 ,1996: 45—68.

③ 周平.云南少数民族地区政策过程研究[J].学术探索,2000(2):33—37.

④ 李允杰,丘昌泰.政策执行与评估[M].北京:北京大学出版社,2008:5.

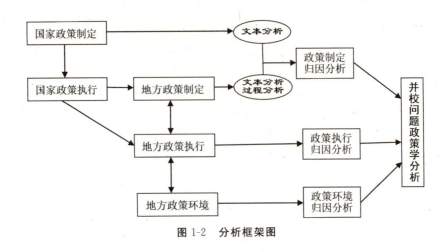

图 1-2　分析框架图

三、研究方法

　　"量化研究在教育政策研究的主导地位,在过去三十年受到质性研究的挑战;其中最重要的挑战就是,无论在教育政策制定、实施还是评鉴过程中,政策参与者特别是政策受众,对有关政策所赋予的主观意义对政策的成败至为重要。"①所以,"质化方法越来越受欢迎。质化研究涉及言语性和形象性的数据收集。在学校和学区可以收集到许多这样的数据,研究者也很容易生成这种数据。"②由于民族地区政策环境的独特性和复杂性,许多情况是不可能简单量化的,许多特殊的现象只有通过广泛的观察、体悟和深入的访谈才能得到理解,因此,更适合采用质化的研究。这有利于对政策过程的深入理解,使其存在的问题得以澄清。因此,本研究主要以质化方法论为指导,具体采用以下三种研究方法。

教育研究质化数据举例③	
☆访谈记录	☆会议记录
☆焦点小组讨论记录	☆正式报告
☆观察记录	☆法律文件
☆开放问卷	☆书籍和类似材料
☆个人观点	☆照片
☆日记	

1.文献法

　　首先,通过对农村中小学布局调整政策理论研究与实践研究资料的收集与梳理,把

①　曾荣光.理解教育政策的意义——质性取向在政策研究中的定位[J].北京大学教育评论,2011(1):152-192.
②　[美]福勒.教育政策学导论[M].许庆豫,译.南京:江苏教育出版社,2007:286.
③　[美]福勒.教育政策学导论[M].许庆豫,译.南京:江苏教育出版社,2007:286.

握中外中小学布局调整的理论与实践的发展趋势,明确本研究的重要性和必要性。其次,通过对 M 县的县志、县教育志和地方年鉴的查阅,搜集 M 县中小学布局调整的历史发展中与政策生态环境相关的资料,从而提升对本研究区域背景的认识,使研究进行得更为深入。

2.田野调查法

田野调查法是本研究的核心方法,由于研究对象的复杂性,决定了这个调查不是一次可以完成的,所以笔者两年内先后三次进入云南省 M 县,每次都做三十余天的田野考察。调查过程中所涉及的部门包括:县教育局、民宗局、法制办公室、乡镇政府、村寨、缅寺、乡镇中心学校、村寨教学点及一师一校教学点。具体访谈对象包括三部分:一是政策的制定和执行者,即县域教育部门和相关部门的行政人员;二是政策的目标群体和利益相关者,即教师、中小学学生(包括走读的和住校的,中心学校的和教学点的,不同年级的,不同民族的,等等)和家长;三是政策的利益摄入相对中立者,即地方民族教育发展和民族教育政策的研究专家。通过与以上这些调查对象长时间的沟通与交流,建立起彼此信任的关系,进而对其进行有效访谈,了解这些访谈对象究竟是如何看待中小布局调整政策的,听他们的真实想法以及他们产生此种看法的原因是什么。另外是对政策制定和执行者的具体行为过程和他们的心路历程进行访谈与深入的追问,使这一问题得到深入的剖析。具体访谈问题见附录。同时,这一方法也存在一定的局限:一方面,调查持续的时间要长,因为只有长时间与调查对象反复沟通,了解才能深入;另一方面,调查的范围受到一定的局限,即范围不能太广,这是由人的精力有限决定的。因此,这种调查方式所获得的数据相对真实,也不同于对中小学布局调整政策所做的大规模的问卷调查所获得的数据那样相对笼统。

3.个案分析法

个案分析法试图立足宏观分析微观,通过微观反观宏观,通过超越个案的概括、个案中的概括、分析性概括以及扩展个案方法来体现整个社会的性质,并在实践中处处凸现理论的功能。[①] 一般来说,个案研究主要采取目的性抽样,即按照研究目的抽取尽可能为问题研究提供最大信息量的研究对象。个案所承载的信息越多,对研究者的意义就越大。基于此,笔者选择了云南省 M 县作为研究个案。M 县作为典型的民族县,而且地处边疆,县域内情况非常复杂,基本集中反映了中小学布局调整政策实施过程中所带来的问题,不仅包括非民族地区普遍存在的问题,也包括民族地区所特有的问题,具有很大的信息承载量和一定的代表性。本书通过对 M 县实施中小学布局调整政策过程的深入研究,对这一政策进行深入的解读。

---

① 卢晖临,李雪.如何走出个案——从个案研究到扩展个案研究[J].中国社会科学,2007(1):118−130.

第二章　中小学布局调整政策实施效果：并校的成效与问题

　　自从 2001 年国家正式出台中小学布局调整政策之后，全国各级相关行政部门迅速落实，于是在全国范围内掀起了一场农村中小学撤点并校热潮。本研究所选取的云南省 M 县也不例外，而且学校撤并的幅度更大、更典型。尽管并校取得了一定的成效，但是也带来了很多问题，总体来看并校弊大于利。

第一节 为什么选择 M 县

一、以县为研究单位的合理性

研究单位是研究对象的最基本范围，合理的研究单位如同经济学中的"商品"和生物学中的"细胞"，其特点是单位虽小但可以代表整体，通过对基本研究单位的深入分析就可以反映出研究对象整体的问题。在本研究中，选择县作为基本研究单位有其合理性和可行性。县作为基层行政单位，自秦推行郡县制以来一直保持着相对的稳定性。尽管早在新中国成立前，晏阳初就认定县是从事农村工作最好的区域单位，并在河北省政府的支持下，成立了"定县实验县"。然而一直以来，对县域的研究并不像其他研究单位那样出众。杨雪冬对以县作为一个分析单位进行了系统的论述，可谓是真正意义上提出了县这个分析单位，并且他把县界定为属于研究中国社会的中观分析单位，同时，他还认为以县为单位所进行的研究有许多优点，例如，"不仅能够比较全面地反映出整个体制的运行和变迁，而且能够较为集中地体现出国家与社会之间的互动。"①就基础教育阶段的学校教育的研究领域而言，首先，我国义务教育法第七条规定："义务教育实行国务院领导，省、自治区、直辖市人民政府统筹规划实施，县级人民政府为主管理的体制。"所以，县级教育行政部门是基础教育管理和国家基础教育政策执行的基本和核心单位。其次，从办学的范围来看，一个县域内包括了小学、初中和高中等不同阶段的学校教育，涵盖了所有基础教育阶段的学校类型。同时，尽管我国学生受优势教育资源的吸引，流动范围逐渐扩大，但是基础教育阶段的学生主要还是在县域范围内进行流动。所以，把县域作为研究范围可以体现学生生源特点的完整性，构成了一个完整的研究单位。对于农村中小学布局调整来说，县级行政部门是中小学布局调整政策具体规划和执行的核心机构。在教育政策的执行过程中，不同层次的政策，即国家层级的、省（市、自治区）和地（州）层级的教育政策，最终都将集中到县级教育行政部门得到整合。县级教育行政部门在充分吸收和顾及各级行政部门政策意见的基础上，通过对县域范围内掌握的教育资料和经验进行深入思考后，对具体教育政策提出有针对性的实施策略。因此，以县作为研究单位来研究中小学布局调整政策具有充分的合理性。

---

① 杨雪冬.论"县"：对一个中观分析单位的分析[J].复旦政治学评论,2006:153-175.

二、已有的考察关系和研究基础提供了可行性

本研究属于基于田野考察的微观层面的教育政策研究。由于田野考察方法的特点决定了研究者需要亲自深入考察点，并且尽可能与调查对象融为一体，即人类学田野考察所倡导的与调查对象"同吃、同住、同劳动"，目的是尽快将局外人的身份转换为局内人，以便打消调查对象的顾忌，获取真实可靠的调查资料。为了迅速融入研究对象，就需要一定的调查与研究基础。一方面，便于研究者与调查对象迅速建立起"熟人"关系，提升田野考察的效率；另一方面，便于研究者对研究对象进行前期了解和把握，以利于调查的深入，提升田野考察的效果。基于以上考虑，从笔者的自身情况来看，在硕士研究生学习期间，为了完成导师的课题和自己的硕士学位论文，曾先后多次进入云南省民族地区做基础教育方面的田野考察，积累了一定的田野调查的实践经验。另外，笔者在博士研究生学习期间，所在的研究机构是主要致力于西南民族地区教育研究的全国人文社会科学重点研究基地，该基地一直倡导通过田野考察的方式展开调查研究，并对学生进行相应的田野考察的理论与实践训练。所以在此学习过程中，笔者增强了对田野考察方法的认识与运用能力。更重要的是，该基地为了对西南民族地区教育研究的深入，已经在西南民族地区建立了多个田野考察工作站，并且基地的教育研究者与田野考察工作站的相关人员形成了长期的互动合作关系。M 县就是其中一个田野考察站的所在地，这为笔者在此展开田野考察搭建了良好的平台。总之，笔者所在的研究基地多年来专门从事西南民族地区的教育研究，并且在西南各省有代表性的地方建立了多个田野考察站，其主要目的在于为研究者创建便利条件，便于进行长期深入的跟踪研究。这为笔者迅速进入田野现场并找准自己的角色提供了便利条件。同时，由于笔者所在的研究基地相关人员长期对此地进行着不同角度的调查研究，包括近几年来已经完成的博士论文（《西双版纳傣族寺庙教育与学校教育共生研究》《奘寺学童现象及其教育法规因应研究》等）、硕士论文和科研人员的课题研究成果等，已经积累了丰富的调查资料与研究成果，这为笔者的研究提供了坚实的基础。还可以通过对这些研究者的咨询与请教，从研究者的角度对研究对象有一个历时性的了解，也可以从他们手中获得一些与本研究相关的资料，这样有利于笔者对所关注问题研究得更为深入。因此，已有的考察关系和研究基础使得本研究的开展具有充分的可行性。

三、研究对象的典型性和代表性

一般来说，研究对象是否具有典型性和代表性将直接影响研究的意义与价值。M 县不仅是典型的少数民族县，又是我国的边疆县，并且它在中小学布局调整政策实施过程中引发的问题又集中反映了中小学布局调整政策实施过程中出现的问题，具有典型性和

代表性。M县位于我国西南边陲,与缅甸接壤,是以傣族为主的典型民族自治县,其国境线长达146.5千米,总面积为5511平方千米,少数民族占86%。这里温暖湿润、气候宜人,有着良田万亩、生活富庶的坝区,又有连片、普遍贫穷的山区。这里民族文化悠久浓郁,有着上千年的小乘佛教,每个傣族和布朗族寨子都建有寺庙。伴随着小乘佛教在当地扎根,相应的缅寺教育逐渐形成。在20世纪50年代现代学校教育全面进入该地区之前,缅寺教育是傣族和布朗族儿童接受教育的主要途径,为新中国成立前社会形态还处于封建领主制和原始社会末期的M县的人才培养发挥了重要作用。M县体现了我国民族地区的典型政策环境特点,并且相比之下这里的并校问题更为突出。由于政策环境的特殊性,所产生的问题也具有复杂性。M县中小学布局调整政策环境的复杂性主要表现为以下方面。

(一)地理环境:地形复杂

M县境内地势特点是西北高、东南低,中部平缓,山峰、丘陵、平坝相互交错。县内最高点海拔2429.5米,最低点海拔535米,高低落差为1894.5米。有大小盆地(当地人叫坝子)15个,其中5万亩以上的盆地有4个。M县的地形主要由山区和坝区组成,并且自然区分得非常明显。这里坝区像东部平原一样平整,例如,西双版纳最大的MZ坝子153平方千米,一马平川,并且土地非常肥沃。而一些山上的乡镇则山高谷深,整个乡基本找不到太大的平地,具备典型的山区特点。地形的复杂直接影响人口分布的密集程度,居住在坝区的民族人口分布比较集中,居住在山区的民族人口分布比较分散。

(二)社会环境:外来人口多,社会流动性大

M县虽然地处祖国的西南边陲,但是外来人口非常多,尤其近些年,这种情况更为突出。这与我国当今社会流动性大的现实情况有关。截至2012年1月底,M县总共采集录入暂住人口39503人,其中男性25902人,女性13601人。[①] 按M县2004年全县人口30万来计算,外来人口占总人口的13%。但这还不包括早期因为戍边、开发等进入的人员。M县的外来人口主要由四部分构成:第一部分是早期的戍边人员,这部分人进入该地区的时间较早,在刚刚解放时就已经进驻该地区;第二部分是教师,由于M县教育发展相对落后,县内学生很少能够成为未来的教师,所以师资匮乏,于是M县便从所在州之外成规模地引入了大量教师,例如曾经以政策的形式从思茅地区调入了大量教师;第三部分是商人,由于M县是普洱茶的主产区,许多广东等东部地区商人便来到这里做茶叶生意,还有一些在M县县城内开店铺做生意的,包括宾馆、餐馆、茶叶店等;第四部分是土地

---

① M县公安局2012年1月县委督办事项落实情况.http://xxgk.yn.gov.cn/canton_model1/newsview.aspx?id=1692433.

投资商,这部分人主要来自浙江,他们主要来 M 县在坝区租老百姓的土地用来种植西瓜,因为这里属于热带气候,一年四季都很温暖,一般选择冬季来这里种植,然后将西瓜运到东部地区销售,现在这部分人的规模越来越大。

这些外来人口带来了先进的生产知识和经营管理方式,促进了当地经济社会的发展,但是同时也逐渐影响着当地人的经济利益。但是,这是全球化发展的必然趋势,是全球各地普遍存在的问题,也是不可避免的。现阶段应该努力做的是提升弱势群体的生存竞争能力,而加强教育是提高自身综合素质和能力的有效办法。因此,现阶段,民族地区教育发展更为重要。

(三)经济环境:县域内发展不均衡,贫富差距大

M 县尽管整体面积不算太大,但是县内存在两种截然不同的自然环境:山地和平坝,进而产生两种不同的生产生活方式,所以经济收入差距很大。尽管是典型的民族地区,但并非所有人都贫困,相反有一些人特别富有。最富有的普通农村家庭年收入可以达到一百多万,而最贫困的家庭则房屋都不健全。这里贫富差距悬殊,是我国现阶段发展的一个缩影,有一定的代表性。

图 2-1　M 县大片的良田
笔者摄于 MZ 镇

生活在坝区的傣族村寨普遍很富裕,基本上家家都是两层别墅,面积至少都在 200 平方米以上,装修得富丽堂皇。基本每家都有轿车。用当地人的话说,这里的人从骑自行车换成骑摩托车,现在又开始换成开轿车。其经济来源主要有两个途径。

一是源于土地种植的收入,这里每户多的有三四十亩田,那些刚从家里分出来的年轻家庭也有十来亩。这里的土地肥沃,水稻每亩一季至少可以收一千多斤,而且每年至少可以收两季,加上政府对耕种土地的补贴,收入相当可观。国家还投资了许多钱用于平整土地来提高土地的质量。同时,由于采用机械化收割,耕种也变得越来越轻松。当地村民说,以前十多天的活现在一两天就能干完。此外,这里还有许多家庭把土地出租给以浙江人为主的外地人(那些人主要是种西瓜),自己收租金就可以了,每亩地半年的租金就可达一千多元。

二是源于做烧烤生意的收入。尽管 M 县地处我国西南边陲,但是生活在坝区的傣族人却特别擅长做生意。他们主要做的是烧烤生意,生意范围遍布云南省内的一些城市和一些周边国家,如缅甸、泰国、老挝等,他们的月收入基本可以达到一两万元。这里的学生中学毕业后,有许多就开始从事烧烤行业。

图 2-2　富裕的坝区寨子　　　　　　　图 2-3　贫困的山区寨子

笔者摄于 MZ 镇　　　　　　　　　　笔者摄于 BLS 乡

　　近几年，随着 M 县山上茶叶价格的上涨，一些普遍贫困的山上居民突然"暴富"起来。例如，整个 M 县最富有的寨子当属 LBZ 村，它是一个哈尼族村寨，全村有 124 户，531 人，拥有 490 亩茶园，其中 380 亩属古茶园，分布在寨子周边，生态环境良好，LBZ 村处于海拔 1700 米以上的 BLS 乡深处，靠近中缅边境，地处偏远，交通困难，是个只要一下雨就因道路崎岖而与外界隔绝的村寨。但是由于该地气候温和、湿润，雨量丰富，非常适宜云南大叶种茶树的生长。在 2000 年以前，LBZ 村的茶叶只卖到八九元 1 公斤，后来茶叶价格一直上涨，2007 年清明节之前，LBZ 村的茶价突然猛涨至 1400 元 1 公斤，后来经过短期回落，茶叶价格又一次攀升。今年 LBZ 村的茶叶是 3500 元 1 公斤，比去年春茶价格上涨三分之一左右，单株茶 5000 元 1 公斤至 6000 元 1 公斤，最贵的 BZ 茶王七两就卖了 12000 元。寨子里的一个普通六口之家，今年的春茶就卖了七八十万元。[①] M 县从历史发展上看，生活在坝区的民族与山上的民族相比，一直非常富足。尽管自 2007 年以来，部分山上寨子因为茶叶价格巨幅增长，这些寨子里的人民可谓一夜暴富，但是毕竟是少数村寨，其他山上的许多居民依然很贫困。

　　BLS 乡的一个拉祜族寨子，总共 26 户人家，1997 年落实国家政策从山上搬迁到现在公路边的山脚下定居，政府为他们修建了瓦盖木质房子。刚刚搬迁下来时只有 14 户，他们搬迁下来之前在山上依然过着原始生活，主要依靠刀耕火种、打猎和采野果来维持生活。他们现在依然保持许多原始习惯，例如，他们之中大部分人平时是不穿鞋的，只有出去到乡上买东西时才会穿上鞋子，其目的是避免外人的"另眼相看"，而并不是出于自己本身的需要。他们往往到镇上买完东西后在回来的路上就把鞋子脱下来提着走，因为觉得还是光着脚走路比较舒服。[②]

（四）离婚率高，单亲家庭多

由离婚率升高造成的单亲家庭增多逐渐成为我国社会发展过程中越来越突出的一种现象，对学校教育的发展产生了一定的影响。在 M 县这种情况更为突出，笔者调查时了解到当地许多年轻人说离婚就离婚，大部分离婚后外出打工，然后把年幼的孩子留在家里让孩子的爷爷和奶奶照顾，或者让孩子的姥姥和姥爷照顾。2000 年第五次人口普查的资料显示，西双版纳傣族 15 岁以上人口中，有过两次以上结婚经历的人数比例为 10.19%。① 其产生的原因主要有两个方面：一方面是历史原因，结婚年龄过早，婚前缺乏了解，草率结婚；另一方面是受现代社会发展的影响，现代社会的恋爱、婚姻更多的是一种个人行为，自己的感觉最重要，受传统婚姻观念的束缚较弱，感觉不合适便选择离婚。如此高的离婚率，造成单亲的儿童很多，严重影响学校教育效果。

（五）民族的丰富性与典型性

M 县不仅少数民族种类丰富，而且具有典型性和代表性。云南是我国少数民族种类最多的省份，被称为"民族博物馆"。全国 55 个少数民族，云南省就有 52 个，具体可以分成三类：第一类是云南省所独有的少数民族，总共有 15 个，分别是白族、哈尼族、傣族、傈僳族、拉祜族、佤族、纳西族、景颇族、布朗族、普米族、阿昌族、怒族、基诺族、德昂族、独龙族。第二类是人口较少民族，即人口在 10 万以下的较少民族，全国仅有 22 个，云南省就有了 7 个，分别是独龙族、德昂族、基诺族、怒族、阿昌族、普米族和布朗族。第三类是"直过区"民族，是指 20 世纪50 年代初期，还处在原始社会末期或已经进入阶级社会，逐步地过渡到社会主义，实现了历史性跨越的民族。在云南省，实行"直接过渡"的主要是景颇族、独龙族、怒族、傈僳族、德昂族、佤族、布朗族、基诺族等少数民族聚居地区和部分拉祜族、哈尼族、瑶族等居住区，人口共 60 万。② 2003 年，M 县全县总人口为 29.61 万人，包括傣族、哈尼族、拉祜族、布朗族、回族、佤族、汉族等 23 个民族，少数民族人口25.56 万人，占总人口的 86.32%。其中：傣族 11.55 万人，占 39.02%；哈尼族 5.94 万人，占 20.06%；拉祜族 3.74 万人，占 12.63%；布朗族 3.20 万人，占 10.8%，是全国布朗族人口最多的县。所以，从少数民族的构成和特点来看，M 县特别具有代表性。

① 西双版纳州第五次全国人口普查领导小组办公室编.西双版纳州 2000 年人口普查资料,2002:560.
② 李根,黄欣."直过民族"历史变迁中的政策界定[J].创造,2004(4):49—50.

第二节　M县中小学布局调整的历史演进

"任何关于教育政策的讨论都应从提供社会背景和历史背景开始，因此我们不能离开随着时间流逝而发生的社会总体发展，而孤立地理解教育。"[①]对历史的回顾，既有利于从整体上把握事物发展的内在规律，也有利于纠正我们已有的一些看法和思维定式。"从问题的起源开始，将它的来龙去脉彻底梳理一遍。这往往能让他站在新的制高点上，从与前人不同的角度来重新审视问题，从而发现意想不到的新方法来攻克难题。"[②]因此，有必要对M县中小学布局调整的历史演变进行系统的梳理。

本节将对M县中小学布局调整分阶段进行论述，划分阶段主要根据以下五个方面：一是，M县中小学布局调整发展的脉络；二是，重大的社会历史背景；三是，与学校布局调整相关的政策法规，包括国家层面的和地方层面的；四是，我国的少数民族教育政策体系，从20世纪50年代开始，历经初创（1949—1956）、曲折发展（1956—1966）、遭受破坏干扰（1966—1976）、恢复发展（1976—1984）、成熟发展（1984—今）等几个阶段[③]；五是，我国少数民族教育政策的发展大体经历了三个阶段：第一个阶段以1951年第一届少数民族教育大会作为标志，第二阶段始于"文革"，第三阶段的民族教育政策是为实现现代化服务。[④]

一、萌芽阶段：旧制度下的学校教育

民族学校教育指的是民族地区开展的现代正规化学校教育。M县的学校教育发展比较晚，新中国建立以前的M县由于受到封建制度的束缚，各族人民政治地位极不平等。那时的M县人民群众生活深受煎熬，再加上时局动乱，各族人民过着朝不保夕、衣不遮体的苦难日子。在这种状况下，M县的教育几乎是一张白纸。只有傣族、布朗族的"康朗"懂傣文，懂汉文的人寥寥无几。人们只好沿用古老的刻木、结绳、数玉米粒等方式来进行记事。各族人民都处于贫困、饥饿和蒙昧之中。虽然清朝乾隆时期在今天的MZ镇就开办了书舍，民国时期在M县一些地区也有办学的记载，但是由于没有可靠的办学经费，且

---

①　[加]莱文.教育改革——从启动到成果[M].项贤明,洪成文,译.北京:教育科学出版社,2004:7.

②　汤双.闲话希尔伯特问题(上)[J].读书,2011(5):121—127.

③　王鉴,万明钢.多元文化教育比较研究[M].北京:民族出版社,2006:57.

④　白杰瑞,冯新增.中国少数民族——现代化与教育[J].民族教育研究,1994(3):28—36.

时局动荡不稳,这里的学校时办时停。民国二年(1913 年)M 县城区设立初等小学 1 所,其后推行"边地教育",开办过"保国民学校"或"短期小学"。在民国二十五年(1936 年)以后,先后建立了"省立宁江小学""省立南峤小学""省立佛海小学"和"佛海简易师范"等学校,但总体说来,教育发展缓慢且落后,截至 1949 年,M 县全县仅有小学 8 所,教师 12人,学生 314 人。[①]

二、开拓时期:学校广泛建设阶段

(一)办学形式:"两条腿走路"

新中国成立以后,国家百废待兴,经济基础薄弱,教育经费捉襟见肘。为了尽快发展基础教育,国家实行了"两条腿走路"的办学方针;采取一方面由国家投资办学,另一方面"在城市奖励私人办学,在农村鼓励群众办学"。[②] 在发扬解放区教育"民办公助"传统的同时,也使得民国时期大量的私立学校和乡村私塾得以保全并发展。

(二)办学成效:稳步提升

1950 年 2 月,M 县获得了彻底的解放,正式建立了人民政府,于是在同年 5 月份便重建了佛海、南峤两所小学,当时共有教师 6 人,学生 100 余人。1952 年,为了加快发展少数民族教育,云南省教育厅决定在今天的 M 县设立一批少数民族省立小学,于是同年 9 月份县小改称省立一小,在勐兴、景龙、大缅寺、小呼拉等地设分班,MH 小学改称佛海省立一小,景真、星火山设立分班,在嘎拱新建南峤省立二小。截至 1953 年成立自治州时,全县共有小学 15 所,在校学生 1200 人,教职工 39 人,其中少数民族教师为 12 人。[③]

1956 年,中共中央再次提出了 7—12 年内分区分期普及小学义务教育的目标。据统计,从 1950 年到 1957 年这 7 年间,全县共培养出高小毕业生 300 余人。在这 7 年的教育工作实践中,广大教育工作者认真贯彻党的民族教育政策,以教学为中心,教育以民族化为方向,探索发展民族教育的途径,认真做好少数民族上层人物和缅寺中佛爷的工作。使头人能够带头送其子女入学,使佛爷能够督促缅寺里的小和尚及时上学并听从学校老师的教导。同时对群众也进行了广泛宣传教育。通过以上方式,扭转了当地人们对现代学校教育排斥的态度,打开了开展正规学校教育工作的局面,进而使 M 县小学教育获得稳步发展。

---

① 中共 M 县委员会,M 县人民政府.M 县五十年历程[Z].内部资料,2001:356.
② 刘英杰.中国教育大事典(1949—1990)[M].杭州:浙江教育出版社,1993:89.
③ M 县教育志编委会.M 县教育志[Z].内部资料,2009:21.

总之,这个时期 M 县基础教育的发展非常迅速,其所取得的成就主要得益于国家政策引导和对民族地区教育发展给予的特殊支持,同时也得益于地方政府对国家政策的有效落实和人民群众的大力拥护,从而使当地基础教育的发展迈出了坚实的一步。

三、蹉跎时期:学校扩建与失效阶段

(一)学校跨越式建设

1956 年 1 月 25 日,最高国务会议上通过了《1956—1967 年全国农业发展纲要(草案)》,多种形式办学被纳入"两种教育制度、两种劳动制度"的轨道上。1958 年,民办小学在校学生增长为 2190.3 万人,占小学在校学生总数 8640.3 万人的 25.3%,比 1957 年增长了 3.37 倍。[①]

1958 年 11 月,佛海县和南峤县合并为 M 县。M 县中小学在"大跃进"、整风"反右"等政治运动中,贯彻中央提出的"教育为无产阶级政治服务,教育与生产劳动相结合"的教育方针,开展"教育革命",在改变以往的脱离政治、脱离实践的"关门教育"等方面取得一定成效。截至 1959 年,M 县拥有小学 117 所,265 个班级,在校学生 8356 人,教职工 223 人,其中少数民族教师 68 人,适龄儿童入学率达 49%,年巩固率 74.9%。全县小学数量比 1953 年增加了 102 所,在校小学生数增加了 7156 人,教职工增加了 184 人,少数民族教职工增加了 56 人,全县的小学教育已初具规模。[②] 但是同时也带来了一系列的副作用。例如,学生因参加生产劳动导致停课太多,影响教学工作的正常开展和教学质量的有效提高,忽视了教育规律,学校管理跟不上等。

到 60 年代初,我国遭受三年严重困难,受此影响,学生出现大量流失问题。三年严重困难使中央认识到当时的办学规模存在严重问题,无法保证基础教育的正常开展。因此,在 1961 年中央提出"调整、巩固、充实、提高"的方针,随之教育工作也进行全面调整。1962 年 4 月召开的全国教育会议提出:"中小学以公办为主,民办为辅。"同年 12 月 15 日,周恩来总理指出:"小学还应当以公办为主,要民办,但是作为方向就不对了。"受此影响,民办小学的在校生比重下降了 21.4%。调整以后,中学在校生数由 1960 年的 1026 万人减少到 1962 年的 752.8 万人,减少 26.6%。[③] 根据中共云南省委"教育工作必须面向农村,面向山区,面向边疆"的指示,M 县开始普及小学教育,采取多种形式办学,主要在山区增设一批完全小学、巡回小学、耕读小学。民办小学发展尤为迅速,截至 1965 年,民办小学数量发展为 357 所。但是学校数量增加过快也带来了一些问题,例如校舍简陋,办

①　刘英杰.中国教育大事典(1949—1990)[M].杭州:浙江教育出版社,1993:329.
②　M 县教育志编委会.M 县教育志[Z].内部资料,2009:23.
③　刘英杰.中国教育大事典(1949—1990)[M].杭州:浙江教育出版社,1993:329-33.

学条件差,管理不规范,造成教学工作混乱,教学质量低下,学生流动大,等等。后来按照《云南省农村民办小学暂行管理办法》要求,逐渐加强对民办小学的管理和民办教师的业务培训,由此,学校工作有所好转。截至 1965 年 9 月,全县共有校点 357 个,教职工 536 人,入学率 78.7%,校点数量与 1953 年相比增加了 342 个,教师增加 497 人,师生比例比1953 年的 30.7%上升 2.9 个百分点。[①]

(二)学校名存实亡

1966 年至 1976 年的"文化大革命"期间,发展中的民族学校教育受到严重冲击。根据 1966 年毛泽东的"五七指示"精神,各地中小学普遍实行了所谓的"开门办学",学校课程大幅度缩减,工宣队、贫下中农进驻学校并成为学校的重要管理者。在这段时间,学校开始停课闹革命,学校正常的教学秩序完全被打乱,教师成为被改造的对象,被划入"臭老九",被打成"反革命""牛鬼蛇神"等。这时,教师欲教不能、欲罢不忍,全县各校处于瘫痪和半瘫痪状态,民族教育在"超常发展"中徘徊,停滞不前。当时的情况是"校无定址,教无定所,学无定本",教学质量严重下降。

总之,这一时期的民族学校教育经历了一段不平衡的发展过程,给学校教育发展带来了沉重的打击,其主要原因在于政治的影响。

四、理顺关系:集中办学的初步尝试

(一)社会背景

1978 年 12 月党的十一届三中全会胜利召开,彻底清算了"四人帮"在"文革"中的罪行,确立了全党全国以经济建设为中心,提出了党的四项基本原则,教育工作得到高度重视。1985 年 5 月 27 日,中共中央、国务院颁布《关于教育体制改革的决定》(以下简称《决定》),该《决定》指出:鼓励各民主党派、社会组织、人民团体、集体单位和个人等,"采取多种形式和办法,积极自愿地为发展教育事业贡献力量"。[②] M 县积极贯彻《决定》精神,根据本县民族多样、经济发展水平低下、教育基础差且发展不平衡的县情,按照分区规划、分类指导、分步实施的要求制订了 M 县"普六"规划,计划在 2000 年全县实现普及六年义务教育。同年 9 月,按照国务院、省委省政府关于边沿一线小学民办教师转为公办的通知精神,全县 613 名民办教师中的 387 人转为公办教师,占 61.3%,其中民族教师 237 人,占 61.2%,这就稳定了双语教师和山区教师队伍,确保了基础教育发展的师资基础。

---

① M 县教育志编委会.M 县教育志[Z].内部资料,2009:23.
② 王炳照.中国私学·私立学校·民办教育研究[M].济南:山东教育出版社,2002:679.

(二)集中办学的尝试:初显成效

1984 年,M 县县委、县政府召开教育工作会,制定了《关于加速和改革 M 县普及小学教育的意见》《县、区、乡三级教育管理意见》,转发了县教育局《关于开展创建三层次文明班校、为人师表活动的通知》。通过在 MH 乡小学试点后,县教育局制定了《中小学教职工责任制》和《中小学管理及奖惩办法》。坚持"因地制宜,调整布局,合理布点,集中办学"的原则。建立撤并校点和新增校点审批制度,以集中办学为重点,克服在收缩校点中的盲目性、片面性,做到有计划、有步骤的实施。同时还制定了"半日制向全日制过渡,四年制向六年制过渡,分散向集中过渡"的学校教育管理措施,使学校布局日趋合理,教学管理逐步规范。MZ 乡率先实现了曼央龙、曼扫、曼燕、嘎拱等村寨的集中办学,接着 MH 乡曼打、MA 乡贺建、DL 镇曼彦等村寨的学校也实现集中了办学。同时也加强寄宿制学校建设,1984 年全县开办 25 所省定半寄宿制高小,3000 名贫困学生享受补助,全县六年完学率有所上升。为解决傣族、布朗族儿童入寺当和尚与普及教育的矛盾,从 1985 年起,教育部门办的学校采取"收进来,办进去"的方法,即一方面收纳和尚及佛爷入学,为他们单独办班或编混合班,另一方面在个别佛寺办教学班等,妥善协调了宗教与教育的关系。通过这种办学方式的实施,适龄和尚入学率逐年提高。截至 1991 年,全县校内外和尚总数 3276 人,校内外适龄和尚 1744 人,在校适龄和尚生 1294 人,适龄和尚生的入学率达到了 74.2%,初步解决了 M 县"普六"的一大难题。[①]

五、两基教育:集中办学全面推广

(一)遵循的原则

1996 年,M 县教育局制定的《M 县教育发展规划及 2010 远景目标》中明确提出到 2000 年实现"普六"目标。办学中,对有条件的地区积极进行集中办学,扩大办学规模,提高综合效益。县教育局以调整校点布局为方向,遵循"从需求看调整,从投入看效益"的原则,按照"整体规划,宜并则并,先易后难,先坝区,后山区"的思路分步推进集中办学。截至 1999 年底,全县小学和教学点由 1990 年的 246 所和 176 个,调整为 1999 年的 247 所和 113 个。在这次学校调整中,小学增加 1 所,教学点减少 63 个。其中完全小学由 39 所增加到 67 所,增加了 28 所;高小点由 109 个增加到 132 个,增加了 23 个。1985 年入学率、巩固率、毕业率,分别由 89.5%、87%、53.2%上升到 2000 年的 97.51%、95.56%、85.38%。[②]

---

① M 县教育志编委会.M 县教育志[Z].内部资料,2009:23.
② 中共 M 县委员会,M 县人民政府.M 县五十年历程[Z].内部资料,2001:360.

(二)实施步骤

第一步,在20世纪90年代初,县政府提出在抓"普六"的同时做好调整农村小学布局、收缩校点、集中办学的规划。各乡镇在县教育主管部门和教育督导部门的指导下,反复向农村干部和群众宣传集中办学的现实意义和历史意义,让干部和群众明确合理布局校点、集中办学是在新的历史时期充分利用和开发教育资源,避免重复投资,减轻农民负担,加强学校内部管理,提高办学效益,服务社会主义经济建设的一项重大举措。通过大量的宣传动员,提高了各级干部、各族人民群众对学校调整布点、集中办学的认识,实现了从"要他集中办学"向"我要集中办学"的转化。

第二步,对辖区内自然村的地理位置、农户人口、经济状况、民族结构、村际距离等进行调查和论证。按"整体规划,宜并则并,宜增则增,合理布局,分步实施"的原则。通过协商的方式提出调整撤并校点、集中办学方案,然后再逐步付诸实施。

(三)集中办学取得的成效

在实施集中办学的过程中,MZ镇嘎拱行政村率先成功地将其所辖的12个自然村的6个校点合成1个学校,形成了拥有16个教学班、604名在校生的村级完全小学。1993年,县委、县政府在MZ乡召开集中办学表彰大会,推广嘎拱集中办学的经验。接着在全县掀起了集中办学、集资办学的高潮,推动了全县集中办学进程。各个乡镇积极地投入其中,MH乡党委领导亲自为集中办学的6所学校选划校址100余亩;MM乡的"八八小学"由8个校点合并为1所完小后,教学质量明显提高;DL镇曼轰完小由5个校点合并后成绩突出,被评为县级"文明单位"。截至2000年,全县小学由1985年的486个校点减少到358个校点,净减128个校点;学生由28695人增加到43088人,净增14393人;完全小学由原来的25所增加到67所,净增42所。集中办学达到了校点减少,规模扩大,班额增加,学生增多,普及率提高,办学条件改善,教育质量逐步提高的目标。教学质量的提高,激发了群众集资办学的热情。1990年—1998年这8年间,MZ乡干部群众累计集资300余万元,在有关部门的支持下,建造了17幢砖混结构具有82间标准教室的教学楼。完全小学由1990年的1所,增加到1998年的11所。小学毕业生由1990年的170人增加到1998年的820人。入学率由79.1%提高到98.7%;完学率由17.5%提高到82.25%。1992年,集中办学后各民族不仅团结和睦,教学质量也在逐年提高。1993年—1996年,MZ乡教学质量连年评比获全县同类同级学校第一名。另外,MH乡曼打小学由4校点合并后,入学率由原来的80%上升到100%,也取得了一定的进步。[①]

---

① M县教育志编委会.M县教育志[Z].内部资料,2009:24.

M 县调整学校布局、集中办学的做法，明显地提高了办学的综合效益，引起云南省教育厅的高度重视。2000 年 6 月，全省中小学"调整学校布局集中办学"现场会在 M 县召开。省教委、省财政厅、省民委及全省 14 个地（州、市）的 29 个县（市）分管教育领导共 92 人出席了这次会议。省教育厅厅长杨崇龙等领导充分肯定了 M 县集中办学的成功经验，并在《云南教育》上发表文章向全省推广。这次会议为 M 县继续调整学校布局，实现每个村委会重点办好一所小学的目标起到了积极的推动作用。[①]

六、撤点并校：国家政策的推进与暂停

2001 年 5 月 29 日，国家颁布了《国务院关于基础教育改革与发展的决定》，在该文件中正式提出了农村中小学布局调整的政策，自此并校取向的中小学布局调整便在全国范围内全面展开。M 县也是其中的一部分，在这一时期，M 县为了有效地落实上级行政部门的中小学布局调整政策，具体采取以下步骤来有序地推进。

第一步，由县教育局相关人员通过对基层学校（包括教学点）的教师和学生的初步调查，对各乡镇上的学校和村寨里的学校情况进行了解，包括学校的软硬件设施、学校与社区的关系、教师和家长对学校存留的态度等。因为这些学校的老师和学生对周围村寨的情况最熟悉，通过对他们的访谈可以有效把握集中办学的障碍。第二步，根据调查时搜集到的学校现实状况以及教师和民众的意见、想法，整体宏观地草拟县域学校布局调整的规划，初步确定撤并学校的对象。第三步，再把草拟的规划方案下发到村寨并对教师和家长进行问卷调查，征求他们的意见。然后根据意见对草拟的规划进行调整，接下来再征求基层教师、学生及家长的意见，县教育局通过反复的沟通最后确定下来。第四步，将最终确定好的学校布局调整规划报送至县政府，然后由县政府通知涉及撤点并校的乡镇，接着相关乡镇通知相关村寨对撤并学校的家长进行征求意见。最后一步，教育局召集县上十余个与学校教育发展相关的政府部门对制定的学校布局调整规划进行讨论，涉及的部门有财政部门、审计部门、住建局、纪委、监察部门、环保部门等，用 M 县教育局中小学布局调整负责人的话说："只要和教育沾点边的几乎全被纳入进来，以免影响撤点并校的顺利落实。"规划通过后报送县政府，由县政府报送州教育局进行审核，通过后交给县政府，由县政府报送州政府，再由州政府报送省教育厅进行审核，审核后交由省政府审批，通过后省政府将配备相应的资金进行学校撤并规划的实施。然后 M 县再具体展开中小学布局调整。

---

① 　M 县教育志编委会.M 县教育志[Z].内部资料,2009:23.

在中小学布局调整政策执行过程中，2012 年 9 月，国务院办公厅出台《关于规范农村义务教育学校布局调整的意见》，该《意见》中提出暂停全国范围内的中小学撤点并校。为了违反国家的政策规定，同时又为了顾及当地的现实利益不受损害，于是 M 县的教育行政部门采取了政策落实上的变通做法，即将行政部门的强制行为转变为形式上的学生自愿行为。因为 M 县的许多校舍建设项目在第一轮集中办学规划中已经基本建设完成，这些良好的教学设施如果不能得到有效利用，将是二次浪费，另外，对于地处边陲的 M 县来说，教育经费本来就不充裕。同时，他们一直秉持着集中办学一定能提升当地教育质量的信念，因此，M 县的集中办学依然在缓慢地进行之中，现在他们对此不称撤点并校集中办学，也不称学校布局调整，而称“自愿流转”。每名涉及集中办学的学生都要签订一份“自愿流转协议书”，如图 2－4 所示，这表明是学生自愿流转到集中后的学校，而不是 M 县政府部门违反暂停的中小布局调整政策而继续敦促学生集中的。

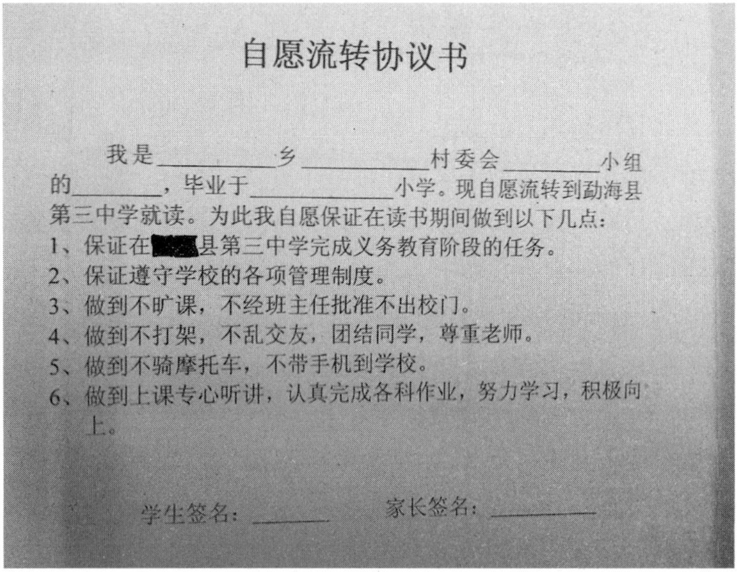
自愿流转协议书

我是__________乡___________村委会________小组的________，毕业于_____________小学。现自愿流转到勐海县第三中学就读。为此我自愿保证在读书期间做到以下几点：

1、保证在[redacted]县第三中学完成义务教育阶段的任务。
2、保证遵守学校的各项管理制度。
3、做到不旷课，不经班主任批准不出校门。
4、做到不打架，不乱交友，团结同学，尊重老师。
5、做到不骑摩托车，不带手机到学校。
6、做到上课专心听讲，认真完成各科作业，努力学习，积极向上。

学生签名：_______　　家长签名：__________

图 2-4　自愿流转协议书

从 M 县中小学布局调整政策的执行现状来看，M 县中小学撤并的速度远高于全国中小学的平均撤并速度。从 2001 年到 2012 年的 11 年内，M 县中小学学生数量减少的百分比（28％）低于全国的百分比（32％），而 M 县中小学数量减少的百分比（276％）却远高于全国的百分比（98％）。当然，这其中很重要的原因是地方教育行政官员认为集中办学的价值非常大，把现在由并校产生的衍生问题归为政策配套经费的不足，而不认为政策本身存在任何问题。另外，也是为了避免有限教育资源的二次浪费。

表 2-1 国家与地方集中办学状况

层级	年份	小学						初级中学					
		学校			学生			学校			学生		
		数量	减少数	减少百分比	数量	减少数	减少百分比	数量	减少数	减少百分比	数量	减少数	减少百分比
全国	2001	49.13	26.27	53	12543.47	2847.6	23	6.66	1.34	20	6514.38	1751.3	27
	2012	22.86			9695.90			5.32			4763.06		
M 县	2001	431	326	76	36685	13492	37	16	2	13	7573	−3766	−50
	2012	105			23193			14			11339		

注:全国数据来自全国教育事业发展统计公报,学校和学生数的单位是万;M 县数据来自县教育志和实际调查,学校和学生数的单位是个,其中 M 县数据初中学校数量包括九义学校(因为九义学校初中部的撤并与独立初中的撤并意义相似)。

下面是 M 县代表性乡镇中小学布局调整规划。

1.MH 镇:MH 镇属于 M 县中较大的一个乡镇,该镇的主体在坝区,它所代表的是坝区乡镇实施中小学布局调整政策的特点。全镇总人口为 31755 人,全镇总面积为 329 平方千米,一共辖 7 个村委会(也就是行政村)。其中 5 个行政村完全在坝区,另外 2 个行政村所在地主要以山地为主。在国家实施中小学布局调整政策过程中,该镇顺应上级的中小学布局调整政策,近年来对该镇的中小学进行了大规模撤点并校,例如从 2002 年到 2012 年这 10 年间,全乡各类学校的总数量由 29 所减少到 6 所,大约减少了 400%,而学生由 3437 人减少到现在的 2491 人,仅仅减少了 40%,学校数量的减少速度极大地超过学生人数的减少速度。但这样的撤并还没有结束,该镇学校预期的撤并结果是近两年内合并成最终的两所小学。具体变动情况如表 2-2 所示。

表 2-2 MH 镇小学布局调整进程及原来规划

年份	学校数				教师数	班数	学生数
	合计	完小	小学点	一师一校教学点			
1951	1						90
1975	48						4138
1979	34						3066
1980	27						2021

续表

年份	学校数				教师数	班数	学生数
	合计	完小	小学点	一师一校教学点			
1983	43						2406
1988	29						2216
1991	30	10					2817
1997	29	3					3644
1999	27	4					3720
2000	26	4					3551
2001	25	4					3406
2002	29	5					3437
2003	28	6	19	3	176	115	3345
2004	24	4	16	4	171	102	2938
2005	21	5	14	2	169	108	3114
2006	16	6	7	3	164	99	3104
2007	14	6	8	0	161	98	3077
2008	14	6	8	0	162	93	2863
2009	7	6	1	0	162	73	2766
2010	7	6	1	0	159	66	2465
2011	7	6	1	0	149	65	2503
2012	6	6	0	0	143	63	2491

预期目标近两年合并成 2 所小学,分别为镇中心小学和 MG 小学(距离镇中心小学 5 千米)。

2.BLS 乡:BLS 乡位于 M 县的东南端,它与缅甸接壤,是全县、全省乃至全国最偏远的乡镇之一。全乡全部处于山区地带,这里地广人稀。它所代表的是山区乡镇实施中小学布局调整政策的特点。全乡总人口为 20470 人,总面积为 1016 平方千米,是滇南最为地广人稀的边境民族乡。由于地理地貌的特点,该乡在执行中小学布局调整政策之前,学校的布局非常分散,例如,2008 年全乡学生 2863 人,学校(包括教学点)42 所,平均每所学校(包括教学点)才 68 人。在国家实施中小学布局调整政策过程中,该乡也进行了大规模的撤点并校,并且计划近年内将全乡这 30 多所学校(包括教学点)合并成最终的两所学校,具体情况如表 2—3 所示。

表 2-3　BLS 乡小学布局调整进程及原来规划

年份	学校数				教师数	班数	学生数
	合计	完小	小学点	一师一校教学点			
2008	42	1	32	9	162	93	2863
2009	42	1	34	7	162	73	2766
2011	36	2	28	6	149	65	2503

预期目标近两年合并成 3 所小学,分别为镇中心小学、曼囡小学和吉良小学。

　　总之,从中小学布局调整的历史梳理来看,国家在正式出台中小学布局调整政策之前,M 县基于当地的实际情况,已经根据上级行政部门的政策要求和自身的现实情况进行了多年并校取向的中小学布局调整,当然这种调整是自发的、是顺应自然的、是比较符合地方实际情况与教育发展规律的。而 2001 年国家层面中小学布局调整政策的正式出台则加剧了地方撤点并校的速度。国家出台的政策成为地方撤点并校的一个外在推力,而没有发挥出规范地方中小学撤点并校行为的作用,实现农村中小学合理布局的效果,所以使地方的中小学布局调整逐渐走向了极端的撤点并校。

第三节 M县中小学并校取得的成效

笔者深入M县对中小学布局调整政策做长期的田野调查过程中,经过对实施政策相关人员长期、广泛的深度访谈,总结出M县通过实施中小学撤点并校、集中办学所取得的一系列成效,主要体现在以下几个方面。

一、短期内学校教育效果的改进

(一)学生短期流动数量明显减少

这里的学生短期流动现象与学生辍学现象存在一定的差别。按照M县教育局主管全县学生辍学事务负责人的解释,简单地说,辍学是指学生没有完成国家规定的学业年限,中途离开学校不再回学校继续上学;学生短期流动属于地方性称谓,是指学生间断性地离开学校,在学业年限之内并未中途暂停学业,这些学生离开的时间或长或短,其中短则几天或几星期,长则可能几个月甚至一两年。另外,从M县教育局负责"控辍保学"的相关人员了解到,我国现在所规定的辍学并没有完全包括学生短期流动的情况。所以他们按国家规定每年十月向国家报送的辍学率很容易达到国家对学校学生在学率的要求,但是实质上的辍学——学生短期流动数量却非常多,这与我国现阶段对辍学评价的标准有关。M县作为国家普九困难县,尽管全县已经通过国家普九验收,但是学生短期流动现象却一直居高不下,逃学现象屡见不鲜,尤其是小型村寨里的一些教学点。许多学校教师找流失学生回学校上课已经成为民族地区学校日常管理中的一项重要工作任务,许多学校成立了"控辍保学"领导小组,一般由校长亲自担任,并且配备专门教师负责统计每天学生入学情况和到校外寻找流失的学生回来上课。与此同时,每班的班主任也要协助做好相关工作。例如,M县第三中学的AM老师就专门负责此项工作。笔者在M县第三中学调查时,有一次就和AM老师及一个初一的班主任一同去一个偏远寨子里的一户人家做家长的工作,让他家多日未去学校上学的孩子尽快回到学校上学。因此,这给学校教师带来了沉重的工作负担。在中小学布局调整政策的实施过程中,小规模学校不断被撤并然后进行集中办学。由于集中后的学校普遍采取封闭式管理,校园四周筑有高高的围墙,学校大门配有专职保安进行日夜看守,学生普遍整日整夜吃住都在学校。同时,日常对学生的管理也非常严格,并且细致入微。例如,学校规定并且严格执行每天下晚自习后由每班看管晚自习的教师将学生排队清点好人数,然后将学生带进宿舍区交给宿舍管理教师看管,并且确定好交接时的学生人数。交接完后,负责宿舍管理的教师就把宿舍区的大门关闭,使学生无法离开宿舍区。宿舍管理教师看管学生在宿舍区域内的活动,并监督和提醒他们必须按时睡觉。由于对学生的管理比较到位,所以,短时期内学生短期流动人数明显减少。

对于集中办学可以减少学生流失的作用,M县第三中学的书记如是说:举一个简单的实例,XD乡剩下的一个年级在册的学生有80多人,原本分为2个班级,但是由于这2个班级总共有40多人长期处于短期流动状态,于是学校的领导便将这2个班长期处于流动状态的40多人合为1个班,这个新合成的班级形式上是存在的,但实质上这个班级是名存实亡的,所以这所学校学生的短期流动率高达50％。2013年9月份,这个年级的学生全部被撤并到M县第三中学读书后,登记在册的80多人中有40多人来到集中后的新学校上学,短期流动的学生整整减少了一半,而另一半由于教育主管部门和学校管理不善等问题,长期处于短期流动状态,时间一长,有些已经出国,例如去泰国、缅甸打工等,已经无法找回来上学读书。所以,集中办学后,辍学率明显减少。①

一位由山上教学点随学生集中到山下一所大学校的教师基于自己的实际经历说:在山上教学点开展教育教学工作相当困难,那里非常不重视教育。例如,一个寨子里7个学生的班级,每天保证坚持来上课的基本只有1个人。他们都不想读书,都喜欢去帮助家里放牛、采茶叶等。我每次去寨子的学生家里找逃学的学生回来上课,孩子的母亲经常会说她让孩子去上学了,言外之意是孩子自己不想去上学,与她无关。但其实她在说谎,实际上是她让自己的孩子放牛去了。另外,这个教学点的孩子,每天早晨来上学,经常会带两样东西,一个是书包,另一个是背篓。书包是用来装书本的,背篓主要是用于采摘东西的。他们上午通常在教室里上完前两节课,然后就会背着背篓上山去采茶叶。由于村寨教学点四周基本都没有围墙,所以这些学生来去自由。这里的家长不支持学校教育,学生也不怕老师,教学点的教育状况极差。学校集中办学后,我们这个教学点从山上被转移到山下,这样学校与家庭距离变远了,他们还是小学生,还有学前班的学生,由于年纪小,他们自己没有办法随便回家了,只能等到周末父母来接他们。所以集中办学之后可以大大减少学生短期流动的数量。②

另外,少数民族依然存在早婚现象,同时,寨子里的教学点许多是一两年招生一次,因此同一班级里,学生之间的年龄差距很大,而实施集中办学之后,这种情况便大为改观。因为集中办学后,学校的生源数量充足,每个年级都会招收相应年龄的学生,不存在隔年招生的问题,只要达到国家规定入学年龄的儿童,就可以及时入学读书,从而避免年龄很大才上学读书的情况,进而也起到了减少学生流失人数的作用。

---

① M县第三中学书记访谈记录,2013年10月18日。
② MZ镇小学L老师访谈记录,2013年10月22日。

(二)教学环境改善,学生学习兴趣提高

集中办学后,由于国家和地方投入了相对充
足的办学经费,学校的硬件设施大为改善,所以
学生可以享用完备的现代化教育设施和教学设
备。例如,美丽的校园、现代化的教学实验室及
实验设备等。同时,教师也变得相对充裕,所以
国家规定的课程可以全面开设,包括音乐、美术
等不受学校重视的非升学考试科目。在访谈的
过程中,了解到学习成绩好的学生普遍喜欢集中
后的学校,按他们的话说,因为这个新学校管理
严格,老师负责任,教得也比以前那个小学校好,

图 2-5 在化学实验室上课的初中生

所以在这里可以学到很多东西。从家长方面来看,有些比较重视教育的家长,集中办学
之前就已经把孩子送到好一点的学校读书。例如,BLS 乡一个偏僻寨子里的学生,在就
读幼儿园的时候就被父母送到 BLS 乡中小学的学前班住校就读,然后在乡中小学接着读
小学,今年已经四年级了。还有 MZ 镇原 ME 九义学校的一名小学生,她在 ME 九义学
校中学部撤之前就已经来到 M 县第三中学住校就读了,其主要原因就是这学校教学质
量更好些,可以学到更多的东西。也有的家长认为这样的学校管理比较严格,至少可以
让孩子在校期间避免受社会不良风气影响。

(三)促进多民族学生共校,有利于学生学好普通话

随着社会流动性增大,普通话在民族地区越来越受到重视。调查时了解到,他们普
遍认为讲好普通话是每个人生存和发展的基础。一方面,民族地区外来人口越来越多,
不同民族相聚于此,普通话已经逐渐成为当地不同人群交流的通用语言。例如,调查时
了解到,有些偏远地区的家长不会讲普通话,去县城购物经常带着在学校读书的孩子陪
同去。孩子在学校学会了讲普通话,可以担任他们的翻译。在县城做生意的普遍是来自
全国各地的外来人,他们不会讲当地的民族语言,只能用普通话进行沟通。另一方面,在
M 县实施集中办学之前,每个寨子基本都是单一民族,所以寨子里的教学点也是同一个
民族的学生,所以他们无论是上学还是在家里都说本民族话。调查时了解到,教学点上
的教师基本上都用学生的民族语言来讲课,即老师与教授的学生不是同一个民族,为了
让学生能够听懂他的课,也会尽快学会学生的民族语言,然后用他们的民族语言上课。
随着农村学校办学的不断集中,不同民族学生集中到同一所学校上学的情况越来越多,
由此,普通话已经逐渐成为学校日常生活和教学的重要交际语言。一方面,从教师的角
度看,为了顾及全班不同民族学生的整体情况,不可能选择某一个民族的语言,只能用普
通话来进行授课,这样便迫使学生强化对普通话的运用;另一方面,学生平日里与不同民

族学生进行交流也只能用普通话,这样也迫使学生自身提高普通话的运用能力。

由于集中上学,不同民族的孩子在一起读书,在同一个学校,在同一个班级,孩子已经会说好几种语言了。以前在寨子里无论上学还是在家里,孩子只说布朗话。孩子放学回家也经常说普通话。现在我们作为父母很支持孩子说普通话,因为我们这里现在和外界的交流越来越多了,只能用普通话和这些外界人交流,说好普通话对于我们很重要。①

(四)远离家庭,有利于学生安心学习

在民族地区,不同民族的家长对待孩子的管教方式差别也很大,这也影响了学生的学习状况。例如,傣族父母相对来说比较娇惯自己的孩子,疏于对孩子的严格管教,使得孩子近乎处于为所欲为的生活状态,不利于学生良好习惯的养成。随着传统缅寺教育的式微,经过缅寺教育的学生也不会有太大的收获,与以前的缅寺教育效果差距甚大,不但减少了对孩子知识的教授,而且言规戒律也在减少,直接影响了这些孩子的教育效果。而集中办学后,家校距离变远,学生受父母的影响减少,同时学校对学生进行严格管理,有利于学生形成良好的行为习惯,安心在学校里学习。另外,集中办学之前,学生每天放学回家帮助家里干农活是一件常事,特别到了农忙时节,有些家长甚至会让孩子耽误正常的上学时间,留在家里帮助他们干农活。因为许多民族地区主要是山区,耕种的土地主要是山地,属于粗放型的农业生产,基本无法使用现代的机械化设备耕种,需要大量的人力投入。而学生特别是中学生往往成为家里农忙时的重要劳动成员。而集中办学后,学生远离家庭,平日在学校里寄宿,无法回家干农活。总之,集中办学后减少了家庭与缅寺对学生的影响,可以保证学生每天有充裕的学习时间在学校里安心读书。

(五)各年级设立周全,有利于学生按时入学

受地理环境影响,民族地区普遍存在地广人稀的特点,所以这里的教学点很分散。许多教学点由于生源少,只能隔一年招生或隔两年招生。如果学生没有及时上学,下次可能就要等两三年之后才能入学,如果再错过一次又要等上两三年。由于教学点分散,管理不善,同时民族地区现代学校教育起步晚,家长对学校教育相对不够重视,所以学生不按时入学是常有的事情。在 MZ 镇一个教学点调查时了解到,不知道自己孩子读几年级的家长居然大有人在,许多家长来学校经常会挨个教室找自己的孩子。从 M 县的在校学生情况来看,同一个班级学生之间的年龄差距非常大,在同一个班级里年龄最大的和年龄最小的之间最多相差七八岁。例如,在 M 县第三中学一名 XD 乡生源的学生 22 岁了才读初三。在 BLS 乡两个寨子调查的初步统计发现,年龄在 16 岁以下完全没有读过书的儿童,大多数是因为到年龄时本寨子的教学点没有招生,而等到教学点正式招生时,

---

① MH 镇曼国小学家长访谈记录,2012 年 10 月 23 日。

这些儿童又觉得自己年纪有点儿大,和年龄小的同学在一起不好意思,所以就放弃了上学读书。另外,由于完全小学少,许多学生结束小学 4 年级的学习后要离家到外村大一点儿的学校读书,很多人也因此放弃了学业。集中办学后,农村学校基本都建成了完全小学,这样为每名学生都提供了按时入学的机会和条件。

(六)促进学生对民族文化的有意识传承

民族文化的传承与保护逐渐受到世界各国的普遍重视。少数民族文化传统是我国文化的重要组成部分,它直接影响每个民族的生存与健康发展,也将影响我们国家整体文化的繁荣与发展。随着学校教育的普及和学生教育年限的不断延长,学校逐渐成为影响学龄儿童对民族文化传承的重要场所。由于撤点并校政策的实施,学校集中办导致大量寄宿制学校的建立,学生在学校的时间不断增多。同时,随着学校从社区向外不断迁移,学校与民族社区逐渐分离。由农村中小学布局调整所带来的学校物理空间上的外移,真正变成了一个地理意义上的"孤岛"。① 由此,对民族文化的传承产生了一定的危机。许多民族地区通过开展各种形式的民族文化进校园的活动,来保护民族文化的传承。伴随着学校布局调整政策在民族地区的展开,学校的进一步集中,寄宿制学校的广泛建立,学校教育对民族文化传承的影响日益凸显,因此也受到部分学校的重视,他们开展了一系列在校园里专门教授学生民族代表性文化的活动。调查时了解到,集中办学后的 MH 镇中心小学做得比较好,还取得了一定的成绩。例如:

> MH 镇中小学校长说:在民族文化传承方面,以民族舞蹈为例,集中办学之后有专门教师教授学生各个民族的舞蹈,这方面我们中心小学做得就很好。在我们州上举办的学生民族舞蹈比赛中,我们学校取得了全州第二名的好成绩。这在集中办学之前,没有专门老师教授是很难取得如此好的成绩的。现在我每次去山上的寨子里,经常会和那些曾经对集中办学持有反对意见的家长展示集中办学后我们所取得的优异成绩来改变他们的认识。例如,我们学校学生在舞蹈表演中所取得的奖项,因为这些获奖孩子许多来自偏远山寨。现在寨子举行各种活动时,我们这些从山上寨子里并下来的学生,回去也可以在寨子里举行的节日活动上表演节目,这在以前也是做不到的。因为现在集中办学后,有利于教育资源配置,我们配备了专业的民族舞蹈教师,开设专门课程教学生学习舞蹈,也有利于民族文化的有意识传承与保护。②

(七)方便教育行政部门对学校的管理

方便教育管理是县级行政部门实施集中办学的一个主要目标。在田野调查的过程

---

① 刘云杉.乡村学校:村落中的国家?[N].中国教育报,2012-11-12(3).
② MH 镇小学教师访谈记录,2012 年 10 月 23 日。

中,许多教育行政部门的相关人员和教师都指出集中办学的主要目标就是节约办学成本、方便管理和提高教育质量。由于偏远山区的教学点分散,路途遥远,路又难走,山区乡镇一般只有一条主干道是油漆路,并且基本都是最近几年修建的。去偏远的教学点,往返一次十分困难。若遇上下雨,还特别危险,山体滑坡现象时有发生。在学校布局调整过程中,教学点正逐步撤并到交通方便的小学,目的是使交通方便。这样,教育方面的行政领导经常会到学校检查和指导教育教学工作,及时解决办学过程中遇到的问题,有助于教育教学质量的提升。调查时还了解到,M县在实施撤点并校以前,一个拉祜族村寨里的小学六年级学生还没有一个完全学会普通话,甚至连自己的名字和村寨地名书写都有困难。并校后进入 HK 小学的一、二年级的学生,语文、数学成绩与同班傣族、哈尼族学生相比,普遍低 50 分左右,基本上没有达到及格的成绩,平均成绩在 30 分以下。从二年级语文单元试卷看,拉祜族学生只能做一些连线题、选择题,而拼音组词等类型的题都不会做,作文更是空白。尽管学习成绩依然不好,但与并校之前相比已经明显提高了。

　　我们这个教学点,上级领导是很少来的,包括乡上负责全乡学校教育的总校长,他基本一年也就来一次,至于县级及县级以上的领导几年可能才会来一次。[①]

　　这里的孩子普遍不学习,他们班级 53 人中能够完全跟上老师教学进度、完全能听明白老师讲课内容的只有五六个人,有几个学生上课时是完全不听课的,他们上课趴着睡觉不扰乱课堂秩序就算好的了。其中主要原因是他们从小学升上来的时候基础就很差,因为读小学时就没有好好学习。以前有些村寨里的小学,基本上是老师想上课就上课,不想上课就可以不上课,因此致使现在许多同学连一些最基本的常用汉字都不会写。学生写的请假条经常有错字,有一次一个学生请假,将"尊敬老师"的"尊"写成了遵守的"遵",甚至有些学生学三年连 26 个英文字母都写不全。其中很重要的原因是教学点特别偏远,那里的老师基本上没人管理。[②]

二、提高教师的工作热情与教学成效

(一)改善教师的生活环境,提高教师的工作热情

　　第一,偏远山区的教学点环境普遍非常艰苦,这些教学点的教师基本无一人来自本寨子或周边寨子。由于这里教育发展落后,当地人拥有高学历的凤毛麟角。尤其是以前,大部分学生初中未毕业就中途辍学,很少有在学习上获得成功而当上教师的人。所

以这些教师往往都是一些迫于就业的压力,从其他地方孤身一人来到这些偏远的村寨教学点任教,工作和生活环境非常艰苦。正如县教育局的一位督导所描述的那样:

> 很可怜我们乡下(即偏远教学点上的教师)的老师啊,单师单校,一个人在那里孤孤单单地教书。尤其是一个女老师,一个人住在学校,一到晚上,四周静悄悄的,周围都是大山,有时可能还会时不时地传来几声动物的恐怖叫声,整个教学点就她一个人,甚至会经常害怕得哭起来。他们真是太不容易了。①

第二,教学点教师中普遍存在"单边户"问题。这里的"单边户"专门指夫妻二人一方是教师,另一方是农民的家庭。由于教学点普遍位于交通不便的偏远山寨里,生活和工作环境非常艰苦,地方教育部门考虑到性别差异,往往更倾向于将年轻男教师分派到教学点工作。由于这些教学点谁都不爱去,一旦进去又很难被调出来。这些刚刚毕业参加工作很快进入结婚年龄的男教师,由于周围找不到女教师谈婚论嫁,大部分只能找当地的农民结婚。随着集中办学的实施,这些教学点上的教师随着学生集中到地理位置等各项条件相对好的地方,他们还是很欣慰的。

> 我们这栋由教室改建的临时住房里居住的都是和我情况一样的"单边户",我是前两年山上寨子里的教学点被撤掉后跟随学生并到现在这所学校的。我家原本住坝区,18 岁时从当时的西双版纳州中等师范学校毕业后被直接分到偏远山上的教学点,在上面一待就是十几年。原来想找位女老师结婚,可是有女教师上去没有多久又要调下来,而我却始终调不下来,我的岁数又大了,不能再拖了,在我三十多岁时娶了一个当地寨子里比我小十多岁的布朗族姑娘,她没有读过书。当时我们那个教学点基本全是男教师,没有女教师的,如果你想找女教师真是太难了。如果原来那个教学点不并下来,我们也不能来到现在这个坝区学校。现在这个学校里正在盖的那栋楼房是准备分给教师的住房,但是要优先分给"双职工"(即,夫妻二人都是本校教师的),然后我们这些"单边户"就可以不住现在的临时房子,而搬到那些搬到楼里住的教师原来住的平房子里了,虽然不是太好,但是至少会比现在住的临时房子好多了。②

第三,偏远的民族地区缺少与不同文化交流的机会,尤其是与相对比较重要的主流文化之间的交流。而教师作为主流文化的传承者,本应将主流文化带到民族群众中去,促进主流文化在民族村寨中的传播,改掉他们身上存在的一些相对落后的思想观念,改进他们依然保留的一些陋习,与主流社会接轨,以便更好地适应现代化的社会生活。但是事实并非如此,许多情况事与愿违。一些教师不仅没有发挥出积极效应,自身的工作热情还受到影响。集中办学后这种状况得到了扭转,有利于教师的健康成长与发展。

---

① M 县教育局督导访谈记录,2013 年 10 月 15 日。
② MZ 镇小学教师访谈记录,2012 年 10 月 18 日。

刚刚分到寨子里教学点的教师，没过两年，有些就被同化掉了。例如有一次我去寨子做教育工作和村民吃饭喝酒时，一位老师就坐在我旁边，他没说自己身份之前，我根本都没有认出来他是刚进去没多久的那位教师，我很是吃惊。他本来是汉语教师，可是他进入这个教学点后，不但没有教会一个寨子里的学生说普通话，反而却习惯了当地说低族语，也习惯了当地的一些风俗习惯，如穿拖鞋等。他和寨子里的村民基本一个样，邋里邋遢的，一点儿都没有教师的样子。我们原以为教师进入寨子里工作会对寨子里的群众起到好的影响，发挥一定的带动作用，可事实恰恰相反，这些教师反倒被村民影响了。我经常下寨子，见到的许多寨子里教学点的教师都这样。所以只有通过集中办学才不会使教师变样，才能真正地让他们教好学生。[①]

第四，改善交通状况，便于教师回家，提高教师生活质量。随着城市化进程的推进以及民族地区教师生源的变革，当下乡村教师普遍居住在县城里，他们对城市情有独钟。另外，偏远民族地区教师普遍来自其他省市，特别是我国中等师范学校的取消，各个乡镇失去稳定的定向师资培养生源。（因为原来的中等师范学校遍及全国每一个地州市，主要针对每一个乡镇定向招生，定向培养，学生毕业后直接就被分配到生源乡镇内的学校去工作。这样离家很近，有的直接就在自己本村寨的小学教书，有时还会和曾经教过自己的老师成为同事。）这些外来教师在村寨里没有亲人，同时受到城市化进程的影响，基本都在县城内购房，距离近的、交通方便的学校，教师在晚上没有工作任务的情况下，每天都回县城里的家住。例如，像MH县第三中学的大部分教师，基

图 2-6　山体滑坡阻塞的磐石公路
笔者摄于 BLS 乡

本上每天都会往返于县城里的家和学校一次。而在偏远山区里工作的教师由于交通不变，路途又远，他们普遍是每周回一次家。如果赶上下大雨而造成公路塌方或因山体滑坡而导致公路阻塞的，就会造成一周都回不了一次家。例如，BLS乡里的教师经常会遇到这种情况，特别每年雨季来临时更是如此。笔者在第三次进入BLS乡调查完离开那里的时候，就遇到了半路山体滑坡阻塞的公路问题。这是从BLS乡出来到外面的唯一一条公路，从乡政府到县城七十余千米。有三十千米的山路，并且这段山路全程只有四米宽，

①　XD乡中心学校校长访谈记录，2012年10月26日。

而且其中的一段公路需要经过原始森林。据了解,基于原始森林的天然特点,这段山路终年太阳照射不到,地面终日潮湿,不适合铺油漆路,所以整整六千米铺的都是磐石路。车辆通过此段路,十分颠簸,无法快行。随着教学点的撤并,集中后的学校不断向县城靠近,并且交通状况不断改进,为教师的日常生活带来了便利。

今年BLS乡准备将两个新到的女教师分到寨子偏远一些的一个教学点,结果一个女教师哭着说什么也不下到这个教学点任教,后来没有办法,就将这名女教师留在BLS乡九义学校工作;另一个女教师一听说要把她分派到章家三队这个教学点,二话没说直接不干回家了。结果这个教学点就没有招到新教师,因为缺教师,后来以全县范围内支教的形式,从其他乡镇学校调来了两个男教师,结果这个教学点总共有三名教师,都是男的。一个是参加工作时间不长的年轻男特岗老师,另外两个是县内支教教师,他们在这个教学点工作的时间为两年。这个教学点距离乡上通往县城的唯一一条油漆路要走十千米的砂土路,而且路的一边是山,另一边就是悬崖,每逢下雨时,这段路极其难走。笔者在深入这个偏远村寨教学点调查时就途经这段路,那几天刚好下雨,进去时乘坐的是微型车,结果中途几次陷住,不得不下车推了几次,还步行了很长一段路才到达深山里的这个教学点,出来的时候由于路还未干,只能坐寨子里技术好的老师和村民的摩托车勉强出来,还好只是有惊而无险。雨季是这里教学点老师最不好过的日子,他们有时持续一两个月才能出去一次,到乡上或县里购买一些新鲜的蔬菜和日用品。但这还不算乡里最偏的一个教学点。据了解,从这个教学点出发继续往深山里走二十千米还有一个教学点,那段路更难走,那个教学点与中缅边界不过几里路。该教学点的教师从里面外出一次更难。BLS乡做的学校布局调整规划中,上面谈到的这两个教学点在最近两年内就会被撤掉,到那时这两个教学点的教师就可以到交通和教学环境更好的地方任教,这是他们所期盼的。

总之,随着中小学布局调整政策的推行,学校不断集中,每个学校的教师也多了起来,不必独自一人孤独无助地守候在教学点。同时,在集中办学政策推行的过程中,国家和地方政府不但投入大量资金改善学校硬件设施,而且在距离县城较远的学校还建起了教师公寓,使教师的生活环境大为改善,调查时,这些集中办学后的学校教师普遍表示对现在的工作和生活环境很满意。

(二)改善教师的工作环境,提高教师的教学成效

在我国民族地区,酒文化普遍盛行。某些地区的酒文化对该地区的经济、教育发展起到了一定的消极作用。例如,怒江州某县人口不到3万人,一年消耗的酒量却达42万

斤。另一个县，年农副产品采购量达 42 万元，其中买酒就用去 40 余万元。这两个县中，许多人有了钱，不是用来扩大再生产和办教育，而是大量饮酒。[①] 在这些民族地区，酒不仅是民族节日中助兴的必需品，更是日常交际的核心辅助品。在 M 县这种酒文化同样很浓郁，调查时了解到，寨子里教学点教师从自身的工作和生存角度来说，和群众搞好关系是一项最基本的工作，只有与群众搞好关系才能赢得群众的支持，这是教师在寨子里教书和生活的基础。一位来自云南省

图 2-7　两个寨子之间的教学点
笔者摄于 BLS 乡

大理州在 M 县各地中小学工作二十余年、阅历丰富的教师说得比较中肯，也比较形象，他说：

> 比如你是教学点一个老师，你就是领导。对于这个教学点来说，校长是你，教导主任是你，老师还是你。然后村小组长与你是同一个级别的，村寨里的会计和你是平级的。今天这家有什么重要的事情喝酒你必须得去啊，作为寨子里唯一的教师代表和教育领导代表是不能不去的。明天那家办什么事情请你，你又得去啊，不去又不行，他认为你不给人家面子，看不起人家，不去你怎么搞好群众关系啊，不搞好群众关系你怎么做到让寨子里的家长支持你的教育教学工作啊，怎么会配合你督促孩子天天来上学啊，这影响了教师的工作精力。[②]

在调查过程中，笔者在 M 县所访谈的各个学校的教师和校领导绝大部分对集中办学大加赞赏，其中比较典型的是 MH 镇中小学的校长，一提到集中办学的成效，她喜不自胜、讲个不停，认为集中办学有百利而无一害。她说：

> 我们镇的小学实施集中办学后，学校教学质量明显好转。现在我们 MH 镇的教学质量已经由原来的全县倒数第一稳步提升到现在的第五名，主要原因是在集中办学之前各个教学点学生生源少，每个教师统揽各门课程，同时教师的水平和精力有限，所以每门课程的教学质量都不好。因此，我是非常支持集中办学的，只要经费到位，学校的软硬件设施都能到位、都能达标，那么集中办学是一点儿问题都没有的，尤其对于我们 MH 镇，因为我们地理环境主要由平坝组成，各个小学距离也不是特别远，而且整个 MH 镇基本村村通油漆公路或水泥路，所以上学还是比较方便的。[③]

①　王锡宏.云南边境民族教育调查综述[J].民族教育研究,1989:84—96.
②　B 乡教师访谈记录,2012 年 10 月 27 日.
③　MH 镇小学校长访谈记录,2012 年 10 月 23 日.

另外,集中办学后,每个学校开设完全的年级,有的学校同一个年级就可以有几个平行班。随着同一所学校教师的增多,尤其教授同一个年级同一门课程教师的增多,可以增加他们彼此之间学习和交流的机会,相互分享彼此在教学与科研上所取得的有益成果,还可以分享彼此在教学中处理难题的有益经验。因此,这有利于各位教师自身素质和教研能力的不断提升。

三、提升学生行为的教化效果

(一)多了一份清静,少了一份担忧

在 M 县各个村寨中,自从集中办学之后,由于寄宿制学生数量大幅增加,平日寨子里学龄儿童的身影越来越少。这里的初中学生普遍喜欢骑摩托车,特别是傣族学生更是如此。以前,他们中的大部分平日里都是骑摩托车上学的,这给学生的人身安全带来了严重的隐患。调查时了解到,家长明知道孩子骑摩托车不好、危险,但是学生往往以不去上学为条件要挟家长买摩托车,否则就不去上学。父母迫于学校和村委会村规民约"控辍保学"的压力,为了保证孩子能够按时去上学,只好满足他们的要求。

另外,傣族父母普遍比较宠爱孩子,这也是他们满足孩子各种要求的一个原因。同时,由于受到小乘佛教的影响,父母与当小和尚的孩子之间多了一层"反向优势关系",这给父母对子女的管教增加了负担。

在实施集中办学之后,初中生由于家庭与学校之间距离变远,普遍会住校,只有周末才可以回家。有些距离家庭特别远的学生,交通又不方便甚至几周才能回一次家。为了保证学生在校期间的人身安全和加强对学生的管教,这些寄宿制学校普遍采取封闭式管理,平时不允许学生随便出入校门,所以这些学生只能周末回家后才有机会骑摩托车,这大大减少了学生接触摩托车的机会,降低了学生出交通事故的概率。对学生的管教责任更多地从家庭和缅寺转移到了学校,学校对学生的管理专业而有效果。所以,在某种程度上来说,对于家长也是一种帮助。

在 ME 九义学校,中学阶段的学生还没有被并走之前,每天放学后,这些初中生便会骑着摩托在周围的公路上往返飞驰。有的甚至还会出现一辆摩托车上带三四个学生的。每天从下午四点放学到晚上十点,这段时间整个寨子都笼罩在不时传来的奔驰的摩托车声音中,整个寨子不得安宁。家长心里更多的则是对孩子安全的担心。在傣族地区因为骑摩托车飙车的青少年出现交通事故造成残疾甚至死亡的时有发生。并到 M 县第三中学后,学生住校封闭管理,除了周末和放假之外,平时不准出校门。所以寨子里变得安静多了,孩子一天到晚被关在学校里由老师管着,家长也都放心了。①

---

① ME 村村民访谈记录,2013 年 10 月 18 日。

现在集中办学之后，寨子里该读初中的这部分学生都进学校来了，寨子都清静多了，家长可以该做什么就去做什么，不必整天担心孩子出问题了。如果像原来那样，学校、家庭和缅寺经常你推我推的，不去好好管教学生的话，那么学生就会出问题的。①

(二)利于对学生不良行为的规训

孟德斯鸠指出："宗教和法律主要的倾向应该是使人成为好公民，所以如果其中有一方背离了这个目标，另一方就更应坚持。宗教约束越少，法律的约束就应越多。"②就 M 县所在的傣族地区来说，随着社会的发展，文化的变迁，特别是现代学校教育的介入和发展，使得 M 县所在的傣族地区人民对其所信仰的佛教有了进一步的认识。该地区的佛教也逐渐褪去了神圣的外衣，朝着世俗化的方向发展。许多以前认为是应该无条件遵守的戒律被逐渐打破，许多一直以来被认为不可能发生的事情，现在却变成了现实。和尚和佛爷的生活开始越来越世俗化，在傣族群众眼里，小和尚们更像一个个孩子；寺庙教育传播宗教信仰的功能也出现了弱化，傣族人民表达其信仰的仪式也越来越多地加入世俗化的成分。南传上座部佛教自身的世俗化倾向使得人们对建立在它神圣性基础上的崇拜得到了部分消解。③ 他们正减少精神上的束缚，也同时面临物质生活水平的极度提高，两者之间如果处于不协调状态，必将带来社会的不稳定。尤其是现阶段的中学生，他们刚好处于学校教育与缅寺教育转型阶段。缅寺教育的式微，学校教育效果还不佳，造成他们精神财富的积累十分缺乏。在物质财富极大丰富的今天，中学生如何健康地成长成为一个极其重要的社会问题。按照孟德斯鸠的观点来说，增加法律约束是必要的，而法律知识的习得与意识的提升唯有通过学校教育才能有效实现。因此，在当下中小学采取集中办学、封闭式管理成为处理这个问题较为有效的办法。

---

① MZ 镇资深中学教师访谈记录，2012 年 10 月 28 日。
② ［法］孟德斯鸠.论法的精神（下册）［M］.张雁深，译.北京：商务印书馆，1961：160.
③ 陈荟.西双版纳傣族寺庙教育与学校教育共生研究［D］.重庆：西南大学博士学位论文，2009.

第四节　M县中小学并校带来的问题

在任何时候,只要实际状态不同于所期望的状态,就会产生问题。产生问题的情况包括以下几种:(1)行为研究的结果表明已经发生了变化(例如"概率指数下跌");(2)价值研究表明在价值观上发生不谐调(例如"新的管理班子的价值观使提高生产率和使雇员满意这两者之间的优先次序发生变化");(3)当规范研究要求某种变革(例如"公司应该从事分散活动并加强推销工作");或者(4)任何一种事件和分析工作的组合表明系统的实际状态和期望状态之间产生了偏差。①

由上一小节的分析可以看出,M县通过并校取向的中小学布局调整政策的实施,取得了一定的成效,促进了当地教育的短期发展,有利于教学质量的提升等。但是,从全面培养人的教育来看,尤其作为民族地区,从当地教育长期可持续发展和民族文化的传承与保护等方面综合来看,依然存在许多问题。下面对其中存在的主要弊端进行阐述。

一、影响民族文化的传承

美国教育人类学家奥格布认为,不同社会的文化人物所要求的能力具有文化差异性。不同的文化重视不同的认识技能和行为,所以适合某种文化的认知行为对另一种文化成员而言是必然有偏差的。由此引发了这样的结果:用教育者一方的能力标准去衡量不同文化背景的学习者的能力,必然会产生错位问题。如果克服这些偏差而达到民族间的认知融合,将会获得教育上的成功。每个人出生后,必然先在家庭和社区习得该族群的传统语言和文化,任何学校文化都无法剥夺学生上学前所获得的语言与文化,要提高少数民族学生的学业成就,必须在改造学校文化的同时,改造不合理的社会,以便各种文化从制度上保证获得合理的传承。② M县实施集中办学之后,随着学校与家庭和社区的疏离,学生在家庭和社区习得的传统和民族文化受到了严重的影响,进而影响了民族文化的传承。

---

①　[美]克朗.系统分析和政策科学[M].陈东威,译.北京:商务印书馆,1985:52.
②　冯增俊.教育人类学[M].南京:江苏教育出版社,1998:59.

（一）影响民族语言发展

M县主体民族所说的傣语，是东南亚许多国家的通用语言，它与泰语、老挝语、缅甸语十分相似，只要掌握了傣语就完全可以与这些国家的人相互交流，可以促进区域内经济发展。尤其我国当前正在加强与东盟的经济互动合作，努力建立东盟经济贸易区，在这一背景下，这些民族语言更为重要。另外，从现实需求来看，云南民族大学社会需求最大、就业最好、最具特色的学科专业就是像傣语这样的东南亚小语种。少数民族儿童出生后便生长在这种淳朴的语言环境之中，对于以后选择小语种作为大学时的专业来说将有更大的优势，可以促进民族地区学生的未来发展。

而从实用主义出发考虑现实问题是一个普遍的现象。笔者在调查时也遇到了类似的情况，ME村委会党总支书记YP（地地道道的傣族）认为傣族语言不是特别重要，主要用于在寨子里这种小范围内的交流，出了本州，傣语的用处就不够大了，所以相比之下，汉语使用的范围更广，可以为个人的社会生存和发展提供便利条件，所以更重要。因此，他倡导学生一定要好好上学，一定要学习好汉语。

中国双语教育的核心问题是，在满足推广使用普通话要求的同时，必须保障少数民族发展和使用本民族语言的权利。但在中国少数民族教育体系中，国家语言政策的实施并不明晰。在国家语言政策上存在着两种意见，一部分人主张通过"直接过渡"的语言转换，对少数民族学生实行汉语教学；另一部分人则主张，在学校教育体系中，所有民族都应该使用本民族语言进行教学。[①] 实际上，宪法关于自由使用发展少数民族语言文字的规定，或者是推广普通话的条款都没有起到为少数民族教学政策提供指导的作用。依据"自择自愿"的政策，语言教学政策的实施很大部分取决于地方各级政府的决策，由他们来权衡中央的需求而不是满足外在的紧迫性需求，因此，中国少数民族各地区的双语教研的目标和方法存在很大的差异。[②] 集中办学之后，不同寨子的学生聚集到同一所学校，学校的学生数量增多，每个班级的学生也随之增多，这样每个班级由不同民族学生组成，教师无法顾及每个少数民族的语言，把哪个民族的语言和汉语并用作为双语，对于班上的其他民族学生都是不公平的。所以，教师只能用单一的汉语进行教学。而相比之下，在实施集中办学之前，每个寨子基本都是单一民族，每个寨子里的学校也是单一民族的学校，在这种状况下更有利于双语教育的实现，有利于学生对本民族语言书写水平的掌握。因此，撤点并校影响了民族语言的发展。

---

① ［美］白杰瑞.文化·教育与发展——全球视野下的中国少数民族教育［M］.滕星，马效义，等译.北京：中央民族大学出版社，2011：84.

② ［美］白杰瑞.文化·教育与发展——全球视野下的中国少数民族教育［M］.滕星，马效义，等译.北京：中央民族大学出版社，2011：85.

（二）影响民族宗教文化的传承

"一般我们认为发展意味着对传统的削弱，或传统与现代化的分离，然而事实上，传统并没有削弱，相反它有所充实。所以，我们不能简单地用生物人的时间来衡量社会人的时间。"①民族文化是我国主体文化的重要组成部分，尤其许多优秀的民族文化，对现代化的发展和国家的发展的作用是不言而喻的。

M县的撤点并校对傣族小乘佛教影响很大，加剧了缅寺教育的式微。自从现代学校教育进入傣族地区以来，学校教育就与缅寺教育之间存在许多冲突，其中包括生源上的冲突、时间上的冲突、教学内容上的冲突、学生人生观上的冲突和和尚生身份上的冲突。②其中最直接的是时间上的冲突。从传统上说，小孩一般七八岁升和尚，然后正式入住缅寺生活和学习，平时不允许离开缅寺。而我国宪法第四十六条规定："中华人民共和国公民有受教育的权利和义务。"同时我国义务教育法第一条明确规定："凡年满六周岁的儿童，其父母或者其他法定监护人应当送其入学接受并完成义务教育；条件不具备的地区的儿童，可以推迟到七周岁。"所以这些孩子进入缅寺学习的时间与正常接受义务教育的时间直接冲突。

在许多少数民族的传统文化中，对教育影响最大的莫过于宗教。笔者通过对一些傣族学生的调查也发现，傣族民众中仍然普遍认为，如果不进寺庙学习傣文，那么当自己成为老人的时候就不会念经，而不会念经在本民族中是一件很丢人的事情。小乘佛教一直是当地傣族和布朗族的精神寄托，并且融入他们的日常生活之中，是他们社会生活中不可缺少的一部分。

在我的教育过程中，所有的老师都教我马克思主义和辩证唯物主义，我通常不同意他们在宗教和历史上的观点。尽管我在学校学到了许多新东西，但我并不赞成学校的一切，我对于自己的信仰不会改变。③

傣族的传统文化精英，在现代社会中的地位也大为跌落。这是对傣族文化的一种冲击，也是傣族文化式微的一个具体表现，将直接影响傣族文化在现代人心目中的地位，尤其是在本民族年轻一代心目中的地位。例如，调查时笔者所接触到的两名曾经做过大佛爷的傣族传统文化精英在今天的处境并不乐观。

---

① 释然.文化与乡村社会变迁[J].读书,1996(10):54—59.
② 陈荟.西双版纳傣族寺庙教育与学校教育共生研究[D].重庆:西南大学博士学位论文,2009:67—75.
③ [美]白杰瑞.文化·教育与发展——全球视野下的中国少数民族教育[M].滕星,马效义,等译.北京:中央民族大学出版社,2011:234—235.

AM 老师 1982 年读小学四年级的时候就开始当小和尚，是"文革"后的第二批。AM 老师在当小和尚的同时接受正规的义务教育，初中毕业后考入西双版纳师范学校学习，1995 年毕业。他于 1993 年在师范学校读书期间还俗，在还俗之前还做过 5 年大佛爷。师范毕业后在小学教了两年书，然后又考上了大专，接着读了两年，毕业后再次进入小学教了一个学期课，又读了本科。起初主要在村寨教学点任教，曾经在布朗族寨子教过一年，在拉祜族寨子教过两年，后来又回到自己所出生的傣族寨子里教了几年。在这段任教期间，为了便于布朗族和拉祜族孩子减轻语言压力，提升受教育的效果，他自己努力学习了布朗语和拉祜语，然后使用这些孩子的本民族语言给他们讲课。后来被调到 M 县第三中学担任双语教师，主要教授初中生傣语。但是，M 县第三中学尽管位于偏远的民族地区，却并没有逃离应试教育的影响。这所学校依然以升学考试为主，对于傣语课程，无论是学生还是学校领导，都极其不重视。例如，为了避免傣语课占用学生主科的学习时间，只给初三分流出来的两个最差的班级开设傣语课，由 AM 老师教授。这些学生基本每门科目都不学，老师在上面讲，学生在下面玩，AM 老师教授的傣语课同样如此。后来连这样班级的傣语课也不再开设了，于是把 AM 老师分配去管理学生的辍学问题，包括每天统计每个班级学生的出勤情况，然后根据统计的结果去街上和寨子里等地方找逃学的学生回来上课。同时，通过其他教师了解到，AM 老师当过大佛爷，在傣族寨子里很有地位，被尊称为康朗。另外，笔者在与 AM 老师交流的时候也了解到，因为 AM 老师曾经当过大佛爷，所以他现在对 M 县第三中学的和尚生依然有一定的"威慑"力。一些把普通衣服与袈裟混合穿在一起这种不守傣族小乘佛教戒律的学生，见到 AM 老师或躲着，或认错表示改正。但是 AM 老师在学校工作过程中，由于工作做得不合领导意愿，经常遭到校长的严厉批评。

二、教育资源的二次浪费

在集中办学的实施过程中，学生被并走的教学点面临严重的资源浪费，在 M 县甚至出现崭新的教学楼用来养猪、养鸡的现象。按照最初的集中办学的规划，计划集中后的教学点投入了大量的资金。政策的暂停，导致建成后的学校设施不能得到充分的利用。例如 M 县第三中学，已经按照规划建成了可以容纳 2000 多人的学校。笔者在 2012 年上半年考察时，该学校正在对校园设施加紧建设和完善，当时仅有 1200 名左右的学生。2012 年下半年去时，原来规划的已基本建成，而这时刚好赶上国家出台政策暂停中小学布局调整，结果造成整栋教学楼和学生住宿楼闲置，截至 2012 年 9 月中小学布局调整政策暂停，M 县第三中学已经建成能够容纳 2400 名学生规模的寄宿制学校，共有 48 间教室。而今年将原计划并入的三所学校并入后,学校规模才达到现在的 1759 人,所以现在还闲置着许多间教室和宿舍。

另外,调查时发现,由于实施撤点并校,许多教学点被闲置,那里的教学设施也处于浪费状态。如图 2—8 所示,昔日寨子中间,书声琅琅,传达给村民温馨、恬适与希望的校园,如今已变成用来养猪和养鸡的养殖场所。崭新的教室变成了猪圈,这里飘出的阵阵臭味,影响着寨子里的环境,引起村民的极大不满。可见,该教学点被撤并前后,对其所在寨子的影响真是有天壤之别。此外,集中后的学校由于学生的急剧增加,又面临着校舍等教学设施严重缺乏的问题。例如,笔者调查的 ME 九义学校由于集中办学后教室紧缺,将该校的学前班儿童安置在临时用竹子搭建的简易教室里上课,教学环境非常艰苦,如图 2-10 所示。

图 2-8　养猪和鸡的崭新教学楼　　　　图 2-9　变成猪圈的崭新教室

笔者摄于 M 县曼拉寨子　　　　　　笔者摄于 M 县曼拉寨子

图 2-10　简易学前班教室和陪读的家长

笔者摄于 ME 九义学校

三、学校管理问题突出

随着集中办学的不断推进,寄宿制学校越来越多。由此带来的是学校管理工作任务的加重,尤其是近些年国家对校园安全重视程度的不断加强,给寄宿制学校的管理工作又增添了一份安全压力。许多学校的校领导仅仅本着"不求有功,但求无过"的办学原则,能够保证整天整夜都在学校度过的学生的安全都是一件很困难的事情,就甭想教学质量有重大提升了。他们从各个方面加强对学生进行监管,时刻把握学生的不良行为举动。调查时了解到,M县第三中学的一名副校长

图 2-11　围墙上插满玻璃碎片的学生住宿区
笔者摄于 GLH 乡

多次抱怨新建学生宿舍楼有一个不利于管理之处,就是宿舍楼的格局为走廊在楼内,中间是走廊,走廊两边是学生房间。而以前的宿舍楼走廊是露在外面的,只有一侧是学生的房间。所以新宿舍楼与以前的宿舍楼相比,不利于教师观察到整栋宿舍楼学生的整体情况,并保持随时监视所有学生的行为举止。这样不利于对住宿学生的监控和管理。

在福柯看来,现代学校广泛使用的严格而精细的时间表脱胎于修道院的生活安排方式,因为近代的西方学校一般都有教会的背景。最初的"互教学校"就如同"一台强化时间的使用的机器",其初衷在于"促进学习进程"和培养"做事敏捷的习惯"。现代学校广泛使用的时间表对有关学习和生活的时间进程做出了明确而具体的规定和要求,其"唯一目的是……使儿童习惯于又快又好地完成一项作业,通过讲求速度来尽可能地消除从一项作业转到另一项作业时造成的时间损失。"[①]福柯认为,正是时间表的广泛使用,学

图 2-12　等待父母接回家过周末的
寄宿制学前班学生
笔者摄于 GG 九义学校

校里的时间就变成了"有纪律的时间"[②],即精确、专注、有条不紊和令行禁止的时间。此

---

① [法]福柯.规训与惩罚[M].刘北成,杨远婴,译.北京:生活·读书·新知三联书店,2007:174.
② [法]福柯.规训与惩罚[M].刘北成,杨远婴,译.北京:生活·读书·新知三联书店,2007:170-171.

外,时钟的嘀嗒声还能够营造出一种天然的紧张气氛,让人自然产生一种紧迫感,从而起到对人的督促和激励作用。但是,用著名教育家洛克的话说,"每一名学生都是一张张有待书画的白纸",用一种管教囚犯的方式来教育一名天真无邪的学生,这本身就是学校教育的莫大悲哀。倘如此,还何谈教师、何谈教育?这是一种教育无能的表现。

　　M 县第三中学的 K 主任说,以前不爱学习的学生都比较喜欢打篮球和踢足球,如果学生不见了在操场上可以找到许多,其他不在的同学基本上在镇上的游戏厅和烧烤店可以找到。[①]

四、家庭经济负担加重

　　由于集中办学,家庭距离学校路途变远。学生无论是住校还是由每天家长接送,都给家庭增加了经济负担。例如,曼拉村委会下辖五个寨子,两个哈尼族寨子,三个傣族寨子,原来建有一所学校。但是自从 2007 年将曼拉村并入 ME 村,同时将曼拉小学并入 ME 九义学校,原来的学校便被撤掉,这样造成原曼拉村委会所辖的五个寨子成为距离 ME 九义学校最远的寨子。并校后,学前班也被并入 ME 九义学校。由于学前班学生年龄比较小,刚刚五六岁左右,因此,家长上午七点左右就得从家里带着小孩出来,七点半左右将孩子送达学校。然后,这些家长基本都待在教室外面陪着教室里的孩子上学,每节课 30 分钟,上午 11 点放学带孩子回家吃饭,下午再将孩子送到学校只上 2 点半到 3 点这一节课。由于孩子在学前班上学期间需要家长全程陪同,所以耗费了家长大量时间,还耗费骑摩托车的油钱。上学前班的孩子每天还要花掉 10 元左右的零花钱,另外还耽误了家长在家里做农活的时间。其中一个家长指出,"长期这样下去我们家庭都会变穷"。由于 ME 九义学校位于 214 国道旁,虽然双向只有两车道,但是过往车辆非常多,而且车速也特别快,因此,为了学生上学安全,在 ME 九义学校上学的小学生都需要家长接送才能放心。据访谈的家长介绍,以前孩子在撤并前的曼拉小学上学时,由于寨子里车少,并且离家很近,孩子每天自己走着上学就可以了,家长不需要担心任何安全问题。

　　我们这里多为山路,只能骑摩托车,与东部地区相比,同样的距离摩托车耗的油都要多很多。另外,我们这里比较偏僻,同样的油运到我们这儿村寨里,运输成本也要高很多,所以这里村民买的油价格也要高。一般四五千米的路程,每天就要花掉 5 元左右的油钱。总之,同样距离的集中办学,与东部等平原地区相比,在我们这里将会给我们家长增添更多的经济负担。[②]

---

① M 县第三中学副校长访谈记录,2012 年 4 月 7 日。
② ME 村村民访谈记录,2013 年 10 月 21 日。

此外,曼拉小学的校舍刚刚建立两三年,崭新的楼房用于养猪、养鸡。而现在 ME 九义学校学前班所用的却是搭建的临时教室。因此,家长对政府的撤点并校行为怨言更大,但是他们认为自己又没有办法扭转这一事实,因为这是国家的政策,他们说的又不算。他们曾提议,幼儿年纪太小,至少应该让幼儿园阶段学生在本寨子里原来的学校上学,可是该意见也没有被政府部门采纳,所以只能默默地承受现在的现实。

五、学生之间冲突增多

随着民族地区中小学不断集中,多民族学生共校的情况越来越普遍,不同民族学生之间的冲突时有发生。研究如何处理好民族学生之间的和谐关系,对于未来社会的发展具有重要作用。

笔者调查时,经过与校长、政教处主任、授课教师和学生等多方的深入访谈了解到,学生之间的暴力冲突非常普遍,已经成为校园安全中最重要的一个问题。它主要发生在课余时间,一般集中在午休期间和晚自习之前的闲暇时间,发生地点主要是厕所和校园里的一些角落。在调查过程中,笔者对 M 县第三中学进行了问卷调查,随机选取七年级 1 个班,八年级 1 个班,九年级 1 个班,共发放问卷 150 份,回收 150 份,有效问卷 145 份,有效率 96.7%。通过问卷调查也可以看出,学生之间的冲突非常普遍,最近一年来没有发生过语言冲突的学生只占 22.4%,多次发生过肢体冲突的占 18.2%,多次发生过暴力冲突的占 6.1%。笔者还看到了政教主任从学生那里没收上来的多把管制刀具,尽管政教主任说还没发现用刀的冲突,但是这种潜在的隐患如果不能有效地防治,则后果不堪设想。

表 2-4　最近一年与同学发生的冲突情况

	没有	一两次	多次
言语冲突	22.4%	55.1%	22.4%
肢体冲突	53.3%	28.6%	8.2%
暴力冲突	61.2%	32.7%	6.1%
情绪抵触	38.8%	49.0%	12.2%

另外,对问题"在学校学习你感觉到受歧视吗?"其中"感觉经常受歧视的"占 10.2%,"感觉偶尔受歧视的"占 44.9%。对问题"在学校学习你受过欺负吗?"其中感觉"经常受欺负"的占 14.3%,"偶尔受欺负"的占 38.7%。在问卷中设置的开放问题,"当你被同学欺负你会怎么办?"只有 32.8% 的学生回答找老师解决,22.4% 的学生回答找人通过武力报复,31.3% 的学生选择默默忍受,8.5% 的学生回答"自己会跑到没有人的地方偷偷地哭"。

MG 小学面向 MH 镇 MG 行政村下 12 个寨子中的 11 个(10 个傣族寨子，1 个布朗族寨子)招生，该校在 2009 年合并了该村的其他 3 个教学点，这些教学点的学生刚撤并到 MG 小学时，问题很多，其中最主要的是学生之间的打架问题。①

在我们 M 县第三中学，每次学校组织的校内足球比赛结束后，教师要及时疏导赛场上的队员，避免双方之间的摩擦升级。否则，一般这个时候将会因为球场上的一些不可避免的摩擦而引起双方肢体上的冲突。平时学生之间冲突发生后，要及时彻底解决双方的矛盾，以免"死灰复燃"。当短时间说服不了冲突双方之间的矛盾时，教师则把学生始终带在身边，直到他彻底体悟为止。另外，来自同一个寨子的学生之间的冲突相对容易解决，而对于来自不同寨子、不同民族的学生之间的冲突要格外重视，否则将会波及更多的群体，甚至是寨子与寨子之间的冲突。因为一些寨子之间本身就存在一些隔阂。这也是文化背景差异的原因。文化差异小，在一个合理的标准上容易达成一致而容易和解。而文化差异大，那么各自解决问题的标准的差异也将增大，达成两者同时满意的解决途径必将很困难。②

另外，民族学生之间的冲突不同于一般意义上的学生之间的冲突，它将直接影响民族之间的和谐关系问题。学校即是社会的一个缩影，学校内不同民族学生间的交往状况与社会中各民族之间的交往状况具有紧密的关联性。学校内不同民族学生之间关系的和谐与否，将会直接波及不同民族学生家长之间的和谐关系问题。如果学校内不同民族学生间发生冲突时，没有得到及时疏导和有效解决，那么就会影响社会中不同民族之间的和谐关系，甚至是民族地区社会的和谐与稳定。

小结：并校弊大于利

通过以上对中小学布局调整政策实施的成效与问题的分析，我们可以发现，从短期的角度看，M 县似乎特别适合集中办学，甚至这里集中办学的当下价值远远高于非民族地区。具体表现在，有利于国家节约办学成本，有利于行政部门对学校的管理，有利于改善教师的工作和生活环境，有利于学生学习成绩的提高等。但是这种认识主要是从经济效益的角度来考虑的，尽管物质层面做得很好，考虑得很周全，如果只满足于停留在当前的物质需要层面则目标过低，并且也难以长远地保持下去。而从民族教育的目的和民族地区的长足发展等精神层面的高度来审视民族地区的集中办学问题，则 M 县不适合集中

---

① MH 镇曼国小学校长访谈记录，2012 年 10 月 23 日。
② M 县第三中学校长访谈记录，2012 年 3 月 31 日。

办学。"一个多民族国家的教育，在担负人类共同文化成果传递功能的同时，不仅要担负起传递本国主体民族优秀传统文化的功能，而且同时也要担负起传递本国各少数民族优秀传统文化的功能。"①民族地区的学校教育的目的在于培养真正的民族人，培养同时适应民族文化与主流文化的人，学校教育在发挥民族文化传承功能的同时，不能以影响社会教育对民族文化的有效传承为代价，应该是两者充分结合，作为广义的教育来合理有效地促进民族文化的传承。而民族地区学校教育发展的滞后性源于前期学校教育发展支持不足等多种影响因素，不能仅仅归因于学校布局分散。因此，更应加强民族地区小规模学校的发展，促进学校与社区的有机融合。而当下并校产生的现实问题，主要源于中小学布局调整政策的实施，下面两章将主要从 M 县中小学布局调整政策实施和政策出台两方面进行归因分析。

---

① 滕星，苏红.多元文化社会与多元一体化教育[J].民族教育研究，1997(1)：18—31.

第三章　并校问题之中小学布局调整政策根源探析

本章主要以政策过程理论和政策生态学理论为基础,由于政策制定和政策执行是教育政策地方实施过程中两个最为核心的环节,政策环境又是影响教育政策地方制定和执行的重要因素,尤其在民族地区,这种影响更为突出。基于以上考虑,本章主要从政策制定、政策执行和政策环境三个方面解读中小学布局调整政策实施过程导致并校问题的政策根源。

第一节　并校问题的政策制定根源探析

不同层级中小学布局调整政策的制定源于对国家政策的执行与落实。国家层面的中小学布局调整政策是面向全国的,是为了解决全国各地中小学布局不合理的问题,所以它是宏观的。地方在实施国家层面的中小学布局调整政策过程中需要对其进行细化和再制定,所以这个过程之中存在地方关于中小学布局调整的政策文本和政策制定的具体行动两部分。由于受到各种现实原因的限制,对于笔者来说,国家层面的中小学布局调整政策制定过程难于考证,所以在此只能对国家出台的政策文本进行分析。因此,本章一方面对国家和地方的政策文本进行归因分析,另一方面对地方政策制定行动进行归因分析。

一、政策制定之文本分析

文本分析也称话语分析,在国外政策研究中是应用比较广泛的研究方法。关于政策研究中话语分析的重要性,美国著名公共政策学家托马斯·戴伊曾指出:"主要关注政府的活动而非政府的花言巧语是政策分析中的一个弱点。"[①]而政策文本是政策的主要呈现形式,所以加强对政策的文本分析非常重要。中小学布局调整政策不是一项政策的文本,而是一系列相关政策的总和。它既包括国家最初提出的"倡导性"中小学布局调整政策,也包括针对中小学布局调整实施过程中所出现的问题,后续出台的一系列相关政策文本,以及不同层级的地方政府和教育行政部门在落实国家中小学布局调整政策的过程中所出台的一系列相关政策文本。这些政策文本之间存在不同程度的关联性。尽管政策文本与政策执行之间存在一定的区别,但是政策文本是通过一定程序研究与思考得出的,所以通过对这些政策文本的分析,至少可以挖掘出政策相关人员的价值取向,从而有利于把握政策制定者的行为理路,发掘其中存在的问题。

(一)政策对象参与权缺失

教育政策主体是指直接或间接影响政策和被政策影响的相关群体,"一般而言,教育政策的利益主体可分为教育政策制定者、教育政策执行者和教育政策对象三部分"[②]。其

---

① 涂端午.教育政策文本分析及其应用[J].复旦教育论坛,2009(5):22—27.
② 李北群.论教育政策的利益分析:必要性、框架及应用[J].江苏社会科学,2008(6):210—214.

中教育政策对象是教育政策主体的重要组成部分。就中小学布局调整政策而言,它最直接的政策对象就是学生和家长。根据行政法上的程序正当原则要求,一切权力的行使如剥夺个人的生命、自由或财产时,必须听取当事人的意见,当事人具有要求听证的权利。[①]那么,学生家长作为中小学布局调整政策对象来说,由于学校变远,给他们带来了经济负担加重等一系列重要影响,理应为他们提供利益表达的机会。但是,在中小学布局调整政策执行过程中并没有听取他们的意见。这些政策对象政策过程参与权利的缺失是导致中小学布局调整政策出现一系列问题的一个重要原因。

1.学校布局决策权上移

在政策实施过程中,一些个体和团体行动的目的是为了增加自身权力。因此,人们在进行教育政策分析或教育政策主张分析初期,始终需要思考这样一些问题:本项政策将使谁获得权力? 本项政策将使谁失去权力? 回答这些问题时,需要极其认真地思考,因为权力的行使通常隐蔽于表面上中性的政策之中,或者隐蔽于华丽的修饰之中。[②] 所以需要透过教育政策文本表面的掩饰来深入分析政策话语背后所隐含的问题。

国家在出台中小学布局调整政策之初,中小学布局调整政策具体实施的决策权主要在县级教育行政部门手里,主要由县级人民政府决定如何调整本县的中小学布局,决定哪些学校撤并,哪些学校保留。同时,在中小学布局调整政策实施初期,上级行政部门的相关政策文本还处于摸索阶段,还不够精细和完善,许多具体的学校撤并标准需要县级政府自己因地制宜地执行,所以这一时期县级教育行政部门的权限很高。例如,2001年5月29日,国务院《关于基础教育改革与发展的决定》中指出:"县级人民政府对本地农村义务教育负有主要责任,要抓好中小学的规划、布局调整、建设和管理。"这表明县级人民政府有权对县域内中小学校的分布进行规划和调整,并且是主要负责人。

随着后续国家层面中小学布局调整相关政策的陆续出台,地方关于学校布局的决策权限逐渐降低。2006年,教育部发布的《关于实事求是地做好农村中小学布局调整工作的通知》中指出,有些地方在实施中小学布局调整政策过程中存在简单化和"一刀切"情况,由此造成了一些边远山区和贫困地区农民群众子女上学不方便的问题,进而导致政策实施违背了布局调整的初衷,同时指出:"省级教育行政部门要加强对本地区布局调整工作指导,加强调查研究。"由此我们可以发现,在后续中小学布局调整政策的实施过程中,逐渐缩小了地方对学校撤并的权限,同时逐渐加强省级教育行政部门在以县级行政部门为主实施中小学布局调整政策过程中的介入,其目的是为了通过省级教育行政部门来限制县级教育行政部门对地方学校的随意撤并,使中小学布局调整政策实施更为合理

---

① 王名扬.美国行政法(上)[M].北京:中国法制出版社,1995:383.

② [美]福勒.教育政策学导论[M].许庆豫,译.南京:江苏教育出版社,2007:99.

化。但是这种不同层级政府之间权力的微调并没有缓解中小学布局调整政策实施中所产生的一系列问题。于是 2012 年 9 月 6 日,国务院办公厅颁布了《国务院办公厅关于规范农村义务教育学校布局调整的意见》,在该《意见》中指出,基于"农村义务教育学校大幅减少,导致部分学生上学路途变远、交通安全隐患增加,学生家庭经济负担加重"等现实问题,提出了"县级人民政府要制定农村义务教育学校布局专项规划,合理确定县域内教学点、村小学、中心小学、初中学校布局,以及寄宿制学校和非寄宿制学校的比例,保障学校布局与村镇建设和学龄人口居住分布相适应,明确学校布局调整的保障措施。专项规划经上一级人民政府审核后报省级人民政府批准,并由省级人民政府汇总后报国家教育体制改革领导小组备案。"由这些文件内容我们可以发现,截至 2012 年国家中小学布局调整"暂停"政策的出台,已经将地方县域内中小学布局调整规划的审批权完全由县级行政部门上移到省级人民政府,县级人民政府无权对中小学布局做任何实质性的调整。另外,笔者在田野调查时也了解到,M 县教育局的行政人员普遍指出:"现在县里每决定撤掉一所中小学都要上报到州和省里,只有通过上级行政部门的审批才能实施,县里已经没有权力撤并任何一所学校了。"①由此可见,县级政府部门学校布局权力的上移已经成为事实。

总之,通过对国家层面这三项中小学布局调整核心政策的文本分析可以发现,中小学布局调整政策实施审批权由县级人民政府向省级人民政府上移,将中小学布局调整政策决策远离政策环境,这样更容易导致政策脱离实际,使中小学布局调整政策的审批、实施过程更加复杂化。中小学布局调整政策实施效果不好,但不能因为县级行政部门是主要的基层执行者就将责任全部归于它而剥夺其权力,这是一种简单的问题解决思路。县级行政部门最接近中小学布局调整的现实,最熟悉地方学校的基本情况,在历史发展的进程中也是各地中小学布局的主要决策者,因此有担当此任的合理性。现在需要解决的应该是如何监督县级行政部门的政策执行行为。从监督与规制的主体来看,上级行政部门是一部分,同时作为政策执行对象的人民群众也是重要的一部分。

2.人民参与权缺位及提升滞后

中小学布局调整政策的实施直接影响人民群众的现实生活,不仅因学生上学成本增加而直接加重家庭的经济负担,同时,由于村寨中学校(包括教学点)的撤离而影响每位民众息息相关的乡村文化。作为重要政策目标团体的人民却始终没有有效地参与中小学布局调整政策过程中。自 2001 年中小学布局调整政策正式颁布之初,作为国家层面的核心教育政策,即 2001 年 5 月 29 日国务院《关于基础教育改革与发展的决定》中,并没有体现学校的撤并过程中需要征求人民的意见、听取群众的意愿,从而导致政策利益主

---

① M 县教育局行政人员访谈记录,2013 年 10 月 24 日。

要相关者——人民,在中小学布局调整政策实施过程中,参与的权利完全处于缺位状态。由于学校撤并过程中衍生的问题越来越突出,国家逐渐认识到人民群众参与中小学布局调整政策过程的重要性,因而在后续出台的相关政策文件中逐渐加强了对人民群众意愿的重视。例如,2006年教育部颁布的《关于实事求是地做好农村中小学布局调整工作的通知》中指出:"在实施布局调整前,要将调整方案向当地群众公示,充分听取社会各界的意见,对群众反映强烈的问题要认真做好解释工作,并及时修改、完善方案,不得简单从事,强行撤并。"这是国家实施中小学布局调整政策5年后,首次在政策文件中指出"群众反映强烈的问题"要认真地予以解释,不能强行撤并学校。但这仅仅停留在大部分学校已经被撤并后的问题处理层次上,解决的只能是弥补性问题,而不是学校撤并的核心问题。所以,并没有实现人民群众在中小学布局调整政策过程中真正的参与权。

接着,教育部在2010年1月印发的《关于贯彻落实科学发展观进一步推进义务教育均衡发展的意见》(以下简称《意见》)中,进一步提高了人民在政策过程中的参与权限。该《意见》中指出:"撤并学校必须充分听取人民群众意见,避免因布局调整引发新的矛盾。"这一政策的出台,人民群众的权利有所提高,甚至已经上升到学校撤并前的决策层次上,成为行政部门是否撤并学校的一个参考依据。

再后来,国务院于2012年9月出台的《国务院办公厅关于规范农村义务教育学校布局调整的意见》中指出:"通过举行听证会等多种有效途径,广泛听取学生家长、学校师生、村民自治组织和乡镇人民政府的意见,保障群众充分参与并监督决策过程。"由此可见,这一政策将人民群众的权利进一步提升,达到了中小学布局政策调整实施以来的人民群众参与限度的最高水平。该文件中明确规定政策过程的具体参与人员和具体参与形式,并要求保障群众充分参与以及监督决策的过程。但是该项政策出台时,各地中小学撤点并校的规划已经确定,并且许多学校已经撤并结束,所以这些规定主要针对后续学校撤并,对于以前那些不应该撤并却已经撤并的学校则无法起到有效的制约作用。可见,在中小学布局调整政策实施过程中,对于人民群众参与政策实施过程的权利赋予缓慢,无法充分发挥出其应有的作用,所以难以促进中小学布局调整政策的有效实施。

3.政策制定中地方民族文化精英缺位

"就像教育可以影响文化一样,以前的文化对教育政策也同样会造成影响。例如,一种显著的现象是世界上几乎任何一个有着深厚佛教传统的国家的人民,都倾向于积极获得广泛的学校教育和读写能力。这不但对于日本和韩国来说是如此,对中国、泰国、斯里兰卡,甚至对于在其他方面衰退落后的缅甸来说,也是如此。佛教对感悟的关注('佛'这一词的愿意就是'感悟'),以及对阅读文献的重视(而不是把它交给僧人),也有助于促进教育的发展。"①作为小乘佛教文化源远流长的 M 县来说,在长期深受这种文化影响的过程中,出现了许多地方民族文化精英,他们的经历与涵养对地方教育政策制定具有重要借鉴意义。但是无论在 M 县中小学布局调整政策历次规划的文本中,还是在县级以上中小学布局调整相关的政策文件中,均没有体现不同民族的行政人员和民族精英成为政策过程参与者的文字表述。另外,通过对调查时搜集到的 M 县教育局历次参与中小学布局调整政策相关问题讨论的资料记载来看,每次参与的主要是影响中小学布局调整政策实施相关的行政部门(发展、财政、审计、住建、纪委、监察、环保等各个行政部门)负责人员,因为县教育局在中小学布局调整政策的执行过程中需要这些部门给予相应的直接支持与配合,否则中小学布局调整政策在地方实施将寸步难行。而地方民族文化精英相对来说则不会对县教育局这种撤并取向的政策执行起到任何直接的促进作用,往往还会起到阻滞作用,所以没有让他们参与其中,所以他们在地方教育政策实施过程中始终处于缺位状态。例如,在 M 县调查时了解到,县教育局里有一名多年来负责双语教育的工作人员,她是傣族,她表示在规划和实施"撤点并校"的过程中,从来没有介入过,没有人给她提供任何形式、任何权限的参与机会。撤点并校规划的制定由县教育局内专门工作人员负责。她说以她多年从事双语教育工作的经历和自己身为傣族的身份,感觉集中办学没有好处,她对集中办学的行为持否定态度。"一个学校在一个社区或社会当中,它是一面旗帜,它是一种精神堡垒,它要吸收周围地区和历史的文化熔铸成自己的文化,而且要成为社区的精神排头兵,要去引领社区文化,所以应该把学校变成社区文化中心。"②以此来看,学校不能脱离社区而独立存在,学校与社区融为一体是学校成为社区文化中心的前提。现实中的农村学校曾经一直在努力发挥着文化中心的重要作用,而以提高学生学业成绩为目标的应试教育理念本身就存在政策定位错误的问题。将学校抽离农村社区本身就存在问题。有研究证明,作为国家代理机构的学校如同一座"飞岛"悬浮在乡村社会之上,两者之间一直没有做到真正的融合。它早在精神上和心理上切断了与乡村的联系。而由农村中小学布局调整所带来的学校物理空间上的外移,不过是这一"飞岛"的具形化,真正变成一个地理意义上的"孤岛"。③ 这样将促使学校与乡村文化的割裂,尤其是文化丰富的民族地区,更是如此。对于这一问题的解决,香港的经验值得我们借鉴。香港每个学校有一个校董会,很多是由办学团体的代表构成。另外,通过选举,把家长的代表、教师的代表选进去。所以是由校董会去管理学校。④ 那么,在教育政策执行过程中,也可以通过这样的方式将家长、教师和地方民族文化精英等重要的政策目标团体,通过合理的选举程序,以代表的身份将其转变为政策执行过程的参与者,确保重要的民族文

① [印]森.以自由看待发展[M].任赜,于真,译.北京:中国人民大学出版社,2002:94.

② 丁钢.聆听思想[M].上海:华东师范大学出版社,2012:226.

③ 刘云杉.乡村学校:村落中的国家?[N].中国教育报,2012−11−12(3).

④ 丁钢.聆听思想[M].上海:华东师范大学出版社,2012:229.

化精英不再缺位。

(二)政策目标传达失真

"国家农村政策信息传达的主要途径,是各级党政部门从上往下逐级传达。"[①]因此,国家层面的政策在地方得到执行的过程,也是地方各级行政部门对国家政策层层传达实施的过程。在此过程中,政策执行的主体非常复杂,各种制度性因素和非制度性因素的影响会导致政策不断地变迁。同时,由于政策变迁发生在一定的政治环境、政治生态及政治文化环境之中,所有政策本身就是一种变迁。政策变迁本身所隐含的意义为,不论是受外在条件还是内在因素的影响,很少有一项政策一直维持着当初被采纳的形式,相反,它们处在持续不断的变化之中,通过对政策现实和政策理想之间进行转化和回味,寻求适应环境变革的政策均衡。[②] 所以,国家和上级教育行政部门需要不断地出台新政策,适应特定政策环境,达到预期的政策目标。而这样就增加了政策传达的复杂性,进而出现政策失真的情况。中小学布局调整政策的传达失真主要表现在以下方面。

1.从国家"因地制宜的布局调整政策"到地方"极端推进的并校政策"

中小学布局调整政策从国家到地方的层层传达过程中,由国家所倡导的地方政策实施时要因地制宜,变为地方具体实施该项政策时的单向度推进的并校行为。这些显著特点我们从国家和地方的政策文本中就可以得到充分的证明。例如,2001 年 5 月 29 日,国务院在《关于基础教育改革与发展的决定》中直接提出:"因地制宜调整农村义务教育学校布局,按照小学就近入学、初中相对集中、优化教育资源配置的原则,合理规划和调整学校布局。"国家这项政策刚刚出台,便得到地方的支持与贯彻。针对国家的这项政策,2001 年 12 月 3 日,云南省人民政府出台《云南省人民政府贯彻实施国务院〈关于基础教育改革与发展的决定〉的意见》(以下简称《意见》),该《意见》按照国务院文件"因地制宜调整"要求,具体做了许多量化规定。如《意见》中指出:"调整工作要因地制宜、实事求是,重点是规模小、效益差的小学、教学点和初中。实现'普九'后,初中办学规模每校应不少于 9 个班、450 名学生。"通过对以上两个不同层级文件针对中小学布局调整政策相关内容的比较可以看出,云南省人民政府对省内学校布局做出了具体规定,即"初中办学规模每校应不少于 9 个班、450 名学生"。

再如,2006 年 6 月 9 日教育部《关于实事求是地做好农村中小学布局调整工作的通知》中指出:"各地教育行政部门要会同当地发展改革、建设、财政等部门,将农村中小学

① 邱新有,肖荣春,熊芳芳.国家农村政策传播过程中信息缺失现象的探析[J].江西社会科学,2005(10):203—208.

② 王星霞.我国普通高中"三限"政策变迁——一个政策周期分析的视角[J].当代教育与文化,2013(1):92—95.

布局调整纳入当地教育发展规划，充分论证、统筹安排、稳妥实施……在实施布局调整前，要将调整方案向当地群众公示，充分听取社会各界的意见。"紧接着，2009 年 11 月 6 日，云南省人民政府出台的《云南省中小学布局调整指导意见》指出："以集中办学为方向，大力发展寄宿制学校，通过 3 年努力，逐步并最终撤并全部'一师一校'校点，合理收缩村小和教学点，提高初中办学集中度。"具体包括四个方面：一、全部撤销现有"一师一校"校点；二、原则上撤并 300 人以下的村小和教学点，每个乡镇集中办好一所寄宿制中心完小和若干所村完小，校均规模逐步达到 300 人以上；三、提高初中学校集中度和扩大办学规模。人口在 2 万人以上的乡镇，根据需要举办初中，校均规模应达到 1000 人以上；人口在 2 万人以下或者学生规模达不到 1000 人的乡镇原则上不再设初中；四、原则上确保 3 年完成中小学区域布局调整各项任务。小学和初中撤并工作的规划目标是：2009 年末完成工作总量的 10％，到 2010 年末完成工作总量的 50％，到 2011 年末完成工作总量的 80％，2012 年内全部完成。一师一校教学点撤并工作的规划目标是：2009 年完成工作总量的 25％，2010 年完成工作总量的 65％，2011 年全部完成。在此具体规划目标的基础上，该文件同时提出了激励措施，即"省级将组织力量对完成中小学区域布局调整工作的州（市）、县（市、区）进行全面检查验收。对态度积极，工作力度大，成绩突出，效果明显的，在资金安排上给予优先倾斜并表彰奖励；对管理不善、问题突出的，将进行通报批评，并扣减相应专项经费"。这进一步促进了中小学布局调整政策在地方的"过度"实施。

2010 年 1 月，教育部颁布的《关于贯彻落实科学发展观进一步推进义务教育均衡发展的意见》中指出："对条件尚不成熟的农村地区，要暂缓实施布局调整，自然环境不利的地区小学低年级原则上暂不撤并。"2012 年 9 月，《国务院办公厅关于规范农村义务教育学校布局调整的意见》中更明确地指出："原则上每个乡镇都应设置初中，人口相对集中的村寨要设置村小学或教学点，人口稀少、地处偏远、交通不便的地方应保留或设置教学点。"但是这两个国家层面文件的提出，不能改变地方过度集中办学已经造成的损失，在一定意义上来说也是国家层面政策规划不够完善的表现。

一般来说，国家出台的政策文本具有法律效用，可以用于基层人民监督政府是否照章办事。文本内容规定的精细化程度，直接影响政府部门工作权限。政策具体标准的制定直接影响政策本身的作用，具有一定的政策风险性。而云南省人民政府出台的这些中小学布局调整政策文本明显体现了极端推进学校撤并的具体"标准"，尽管在这些量化"标准"前添加了"原则上"这几个字，但是依然掩饰不了省级教育行政部门极力撤并学校的政策取向，促使地方教育行政部门对该项教育政策的过度执行，对中小学进行极端的撤并。

2.政策文本普遍缺乏民族文化因素观照

国家层面的中小学布局调整政策没有直接体现出政策的实施过程中要考虑到对民族文化的传承与保护,但这是可以理解的。从人口比重上看,我国少数民族人口只占总人口的 8.49％,而国家层面的政策是面向全国范围的,并且政策中也提出地方在政策实施过程中要因地制宜。那么,民族地区文化的传承与保护属于民族地区的特殊问题,可以由地方政府根据地方的民族文化特点来因地制宜地实施中小学布局调整政策。但是对地方政策文本的进一步分析可以发现,地方政策文本很少有对民族文化的观照。或者尽管文本上体现了对民族文化的观照,在政策实施过程中也未必一定会得到落实。政策文本是政策制定者内在价值取向的体现,表现出对此的重视程度,这必将影响政策落实过程中的关注程度,进而影响政策实施的合理性和有效性。例如,2009 年云南省人民政府办公厅颁布的《云南省中小学布局调整指导意见》中指出:"校舍条件较好并有一定社会需求的地区、山区和边疆少数民族地区,可视自然条件、历史沿革、民族宗教等因素,对其原有学校予以适当保留,避免出现因调整不当造成学校班额过大、教育教学资源和办学条件紧张的新情况。"这是该文件中相对明确的表述。

M 县教育局制定的 2013 年中小学布局调整政策实施要求中指出:"在广泛听取意见建议基础上,根据当地人口和学龄人口状况,结合学校现有实际,原则上人口相对集中的村寨或教学点,人口稀少、地处偏远、交通不便的地方视具体情况保留、撤并或恢复教学点,农村小学 1－3 年级学生原则上不寄宿,就近走读上学;小学高年级学生以走读为主,确有需要的可以寄宿,初中学生根据实际可以选择走读或寄宿。"从这段政策文本的表述上看,依然主要把学生的数量和学校的办学条件作为撤并学校的主要依据,而 M 县作为典型的民族县却缺少对民族文化这个特殊政策环境的充分考量。

在美国,"一些学校领导仿佛生活在社会真空中,在了解纽约或洛杉矶的一个令人激动的项目取得了巨大成功后,马上蜂拥而动,将之搬到一个环境完全不同的学区——也许是西南的一个农村社区或新英格兰的一个小镇。应该承认,这样的政策移植有时会有效果,但更多时候是失败,并且惹火了社区的居民,因为他们的价值观念受到了轻视"。[①]而我国所实施的中小学布局调整政策又何尝不是如此呢? 我国民族地区的许多教育政策及政策执行模式基本上都是从非民族地区简单移植,而不去考虑教育政策执行的地区差异,缺乏对民族地区适切性的深入研究与论证,缺乏对地方民族文化因素的充分观照,从而引起地方民众的极度不满并影响政策的最终效果。

---

① ［美］福勒.教育政策学导论［M］.许庆豫,译.南京:江苏教育出版社,2007:256.

二、政策制定行动分析

政策制定行动主要指县级教育行政部门对上级中小学布局调整政策进行再制定时的具体行动。因为所有政策都会在具体的社会和文化环境中接受调节、发生变化。这种变化有时可能是微小的,有时可能是重大的,无论怎样,政策始终在实施过程中发生着变化[①]。这种变化即地方的政策再制定行为,就中小学布局调整政策执行的地方再制定行为问题来说,主要体现在政策制定目标偏离和政策制定中民族地方特殊性考量不足。

(一)地方政策制定目标偏离

"本是教育管理常态的学校布局调整,其政策价值和目标却因行政的强力推动而变形",[②]这一观点已经被从事与中小学布局调整相关的理论研究者和实践工作者接受,主要原因在于对中小学布局调整的现状了解不够、把握不准,缺乏正确、有效的前期预测。尽管学校布局是一个常态,需要根据各地不同时期人口等因素的变化不断适时调整学校的格局,但是这并不意味着任凭地方行政部门自主处理,不需要国家以政策的形式介入,关键在于国家以什么形式的政策介入,需要发挥政策的什么功能,达到什么样的政策预期目标。因为每项政策本身都具有一定的现实功能,"所谓政策功能,简单地说就是政策所能发挥的功效和作用,它通过政策的地位、结构、作用表现出来,它总是与某种社会目标的联系中得到判定。一般包括:导向功能、控制功能、协调功能和象征功能。"[③]这就需要政策制定者在制定政策时明确该项政策所要发挥的是何种功能,这样有利于充分发挥政策解决现实问题的作用。"政策的出台都是为了解决一定的社会问题或是为了预防特定社会问题的发生;政策制定者在政策上对所希望发生的行为予以鼓励,对不希望发生的行为予以惩罚,从而实现对社会的控制。"[④]这就需要政策制定者在政策制定前就要将现实问题判断清楚,将政策目标加以明确。而国家在正式出台中小学布局调整政策之前,面对有"星火燎原"之势的农村中小学布局调整现实状况,明显认识与把握不够准确。因为早在2001年正式提出中小学布局调整政策之前,全国各地已经开始进行不同程度的撤点并校,基础教育阶段学校和教学点的数量早已开始减少。如表3-1所示,仅仅从1997年至2000年这3年间,全国基础教育阶段学校数量就减少了75218所,减少了13.6%;教学点数量减少了29425个,减少了16.5%;学生数量减少了9821148人,减少了7.5%。由此可见,在国家正式出台中小学布局调整政策之前,全国中小学(包括教学点)减

① [美]福勒.教育政策学导论[M].许庆豫,译.南京:江苏教育出版社,2007:10.
② 周大平.从完善机制入手[J].瞭望,2013(24):12.
③ 陈振明.公共政策分析[M].北京:中国人民大学出版社,2003:53.
④ 陈振明.公共政策分析[M].北京:中国人民大学出版社,2003:53.

少的速度均已显著高于同期学生减少的速度,尤其是教学点的减少速度比学生减少速度的 2 倍还多,这说明当时全国中小学撤并速度已经非常快了,缺乏一定的合理性。另外,这一数据还是全国范围内的平均数值,如果去掉没有太大变化的城市中小学撤并情况之后,可以推测出当时一些农村地区中小学存在更为不合理的学校撤并状况。面对这种现实情况,国家作为中小学分布格局的宏观调控者,理应通过政策制定与执行积极发挥正确的引导作用,发挥政策的控制功能和导向功能。按照这种政策价值取向认真规范现实中的中小学撤并进程,控制地方撤点并校的幅度与速度,惩罚不切实际的极端撤并行为,引导地方政策执行者实事求是地合理调整学校布局,而不应"推波助澜",进一步推进全国各地的撤点并校行为,致使全国范围内的中小学撤点并校事态走向极端。

表 3-1　全国基础教育变化情况

	学校数(所)	教学点数(个)	班数(个)	学生数
1997 年	628840	207485	4104081	139953696
1998 年	——	——	4065232	132268067
1999 年	582291	186065	3967402	135479642
2000 年	553622	178060	3835663	130132548
2001 年	491273	114384	3706563	125434667
2008 年	300854	79088	2783495	——

注:数据源于《全国教育事业发展统计公报》。

在中小学布局调整政策实施过程中,国家的政策导向在不断地游离变换,被现实中不断出现的新问题牵着鼻子走,往往解决了一个看似问题的问题,却引起了更大的新问题,其原因在于对现实中的教育问题认识不够,进而政策制定的目标不准。这也受政策的基本特点所影响。政策和法规的最大区别是,法规是管一般的,管底线;而政策是讲倾斜的,没有重点就没有政策,这是中国人都相信的一句话,是政策它就会倾斜。[①] 这种长期形成的观念,某种程度上说是长期政策运用问题造成的,就公共政策中的教育政策而言也同样如此,这种对政策的异化提醒我们要反思教育政策制定的合法性与合理性问题。

教育政策定位不准确所造成的教育政策失败,将会给现实中学校教育的发展带来严重的影响。如造成巨大的经济损失,在学校布局调整过程中造成了大量的校舍浪费,不仅被撤并的学校没有得到利用而闲置,也出现了按规划新建的校舍由于没有获得预期生源而闲置,同时还出现了不合格校舍的继续使用,造成二次投资,这使得原本并不宽裕的

① 丁钢.聆听思想[M].上海:华东师范大学出版社,2012:162.

教育经费更加紧张。另外,由于教育费用的转移,增加了家庭的经济负担。更重要的是由于学习和生活环境的转变而给学生健康成长所带来的不良影响,这将是学生无法弥补的精神损失。

尽管国家是以中小学布局调整的名义出台了该项教育政策,其本意是通过政策这一手段来促使各地中小学根据实际情况调整学校布局,不仅该撤并的要撤并,同时该新建也要新建,但是实际的政策施行基本是简单的撤点并校。因此,国家应该认识当下的学校教育发展现状,真正督促各地因地制宜地实施中小学布局调整,使各地中小学撤并与新建在正确的理性进程中同时推进,从而实现农村中小学的合理布局。

(二)民族地方特殊性考量不足

教育政策实施的成效直接受制于政策环境,一项教育政策在不同地方实施得是否有效,与政策实施者对这些地方特殊的政策环境考虑得周全与否直接相关。对于民族地区来说,无论是自然环境还是人文社会环境,都存在极大的特殊性。在政策制定中,如果不全面而充分地考虑到每一个环境因素的作用,那么很难使政策具有现实性;同样在政策实施中,如果环境与政策不协调,那么很难使政策顺利落实。[①] 但是,从地方关于中小学布局调整政策的文本来看,完全没有提到在政策过程中对民族文化传统等相关因素的考虑与重视。另外,笔者在访谈的过程中了解到,作为政策主要执行者的教育行政部门领导普遍认为撤点并校、集中办学不会对民族语言和民族文化等造成任何影响。其实在中小学布局调整政策实施过程中,他们普遍没有思考过中小学布局调整政策的实施会对民族文化的传承与保护造成影响。同时,他们也很少会考虑这些民族学生接受学校教育之后的发展问题,只是单纯地在提高学生学习成绩这个目标上努力,一切向"成绩"看齐。

表 3-2　M 县教育局股级及股级以上历任领导来源情况(1989-2005)

	县内	省内	省外	合计
数量(个)	14	29	13	56
所占百分比	25%	52%	23%	100%

从 M 县教育局及其内部各股室历任领导的来源看,1989 年至 2005 年 M 县教育局股级及股级以上领导中,M 县内的只占总数的 25%,其他 75% 的人均来自 M 县以外。尽管县外的生活与工作经历可以为县内教育政策的制定带来多元视角与思路,但是他们对当地复杂的教育政策环境必然理解与认识不足,如此高的比率会影响政策制定中对民族地方特殊性的有效把握,进而影响政策实施效果。

---

① 　陈庆云.公共政策分析[M].北京:中国经济出版社,1996:138.

表 3-3　M 县教育局股级及股级以上领导民族身份情况(1989-2005)

	傣族	哈尼族	拉祜族	布朗族	汉族	其他	合计
数量(个)	4	4	0	0	42	6	56
所占百分比	7.1%	7.1%	0	0	75.0%	10.8%	100%
县内人口(万)	11.55	5.94	3.74	3.20	5.18		29.61
所占百分比	39%	20%	12.6%	10.8%	17.6%		100%

　　从 M 县教育局及其内部各股室历任领导的民族身份来看,如果 M 县在东部地区,上表所示的构成可能是很普遍的现象,也不会有什么太大影响。但是这里是少数民族地区,各个县之间的差别很大。尤其是从民族成分上看,对于傣族占 39% 的 M 县来说,M县教育局及教育局各股室 56 名历任领导仅有傣族干部 4 人;而且在 1989 年至 2005 年的26 年内,M 县的第三和第四大少数民族(拉祜族和布朗族)则无一人在县教育局任股级及股级以上领导。由此可见,对民族文化差异显著的 M 县来说,主体民族在教育主管部门的缺位必将影响政策制定的有效性。

　　政府部门是教育政策制定的核心与主导者,包括中央政府和地方政府。公共选择理论认为,"国家或政府的活动并不总是像应该的那样'有效'或像理论上所说的能够做到的那样'有效'"[①],而是很容易因为决策者知识不齐全、信息不充分等原因导致决策的结果与目标背道而驰。那么,仅仅由政府部门独自出台的中小学布局调整政策本身便很容易与政策目标相背离。尤其是对于文化丰富而悠久的民族地区,这里的教育政策环境复杂多样,教育行政官员所掌握和知晓的资料不可能囊括民族地区现实中各种复杂的政策环境因素。因此,中小学布局调整政策实施主体构成中,要充分考虑核心成员的民族成分,这样才有利于对复杂政策环境的充分把握,增进政策实施的有效性。

---

① 　丁煌.公共选择理论的政策失败论及其对我国政府管理的启示[J].南京社会科学,2000(3):44-49.

第二节 并校问题的政策执行根源探析

　　从政策过程来看,政府部门一旦界定了公共问题,确立了政策目标,并且进行了具体政策方案的规划,接下来经过政策合法化的过程,取得公共政策权威性,就形成了公共政策。但是,这并不意味着公共政策就此结束,而接下来将会出现"政策执行"的问题。在政策的各领域中,对政策执行的研究开始得相对比较晚,于是像沃尔夫和阿里克森等学者便形象地将对政策执行研究的疏忽称为"被丢失的章节"。① 这也体现了政策执行在政策过程中的重要地位以及政策执行研究的相对薄弱。我国学者张金马指出:"公共政策是相关执政者用来规范、引导相关团体和个人公私行为的行动指南。"②由此可见,政策执行过程是政策主体和政策目标团体之间的沟通与协调过程。政策执行主体与政策目标团体自身的问题以及两者之间的沟通问题,都将直接影响政策执行的最终效果。因此,本章主要以陈振明教授对政策执行影响因素的划分为依据,从"政策执行目标团体、政策执行主体、执行机构间的沟通与协调"③三方面(如下图 3-1 所示)对撤点并校问题的政策执行根源展开论述。

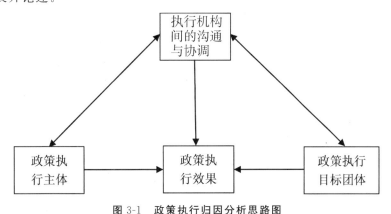

图 3-1　政策执行归因分析思路图

　① ［韩］吴锡泓,金融杆.政策学的主要理论［M］.金东日,译.上海:复旦大学出版社,2005:389.
　② 张金马.公共政策分析［M］.北京:人民出版社,2004:42.
　③ 陈振明.公共政策分析［M］.北京:中国人民大学出版社,2003:292.

一、政策执行主体行为偏差

(一)政策执行主体对政策目标认知有偏差

政策执行主体对教育政策的准确认知是正确执行教育政策的前提,即教育政策执行主体首先必须对其所要执行的教育政策有充分的理解,把握住该项政策的核心价值取向。在现实的政策过程中,教育政策执行结果之所以经常无法达到政策制定者的预期目标,其主要原因是教育政策执行人员对所执行政策的目标认识存在偏差。例如,美国学者霍尔珀林在研究总统外交政策的执行时也同样发现,政策执行失败的原因之一就是政策执行机关的执行人员无法准确地了解上级政策制定者要他们做的事情。[1] 从本研究中的中小学布局调整政策的执行来看,在 2001 年 5 月国家层面颁布的《关于基础教育改革与发展的决定》中正式提出中小学布局调整以后,云南省针对国家的这项教育政策分别于 2001 年 12 月出台了《云南省人民政府贯彻实施国务院〈关于基础教育改革与发展的决定〉的意见》和 2009 年 12 月出台了《云南省中小学区域布局调整指导意见的通知》,在这两项宏观政策的基础上,云南省相关部门制定了更为详细的中小学布局调整政策目标。例如,"撤销现有'一师一校'点"并且于"2012 年内要全部完成"。由这些文件内容可以发现,云南省将国家层面的中小学布局调整政策细化为一系列阶段性的量化指标来加以完成,并没有真正理解国家所颁布的中小学布局调整政策的本真目标。中小学布局调整绝不是简单的学校撤并和集中,归根结底,它一方面反映了城镇化背景下学校布局的结构性变化,另一方面反映了人们对优质教育资源的渴求。[2] 国家颁布中小学布局调整政策的目标是根据各地实际情况对中小学进行合理布局调整,对现有学校该撤并的撤并,该新建的也要新建,从而优化教育资源配置、提高教育质量、促进教育均衡发展。而地方政府对中小学进行单纯的撤并,其主要目的是追求经济效益,节约地方教育办学成本。这就导致政策在地方执行时出现偏差,影响了中小学布局调整政策的实施效果。

(二)政策执行主体专业素质较低

"政策是被那些将其转变为行动的人们所变形的。"[3] 教育政策执行主体的专业素质的高低将直接影响政策"变形"的好与坏,即教育政策的执行效果。在美国,督学是地方学区的主要行政官员,几乎所有督学都是地方学校委员会任命的。一项调查表明(Cooper,Fusarelli & Corella,2000),64.2%的现任督学拥有博士学位,贯彻州政府的政

---

① 丁煌.政策执行阻滞机制及其防治对策:一项基于行为和制度的分析[M].北京:人民出版社,2002:111.
② 陈富祥.撤留之间:乡村小学的今天与明天[J].甘肃教育,2013(13):12—13.
③ [加]莱文.教育改革——从启动到成果[M].项贤明,洪成文,译.北京:教育科学出版社,2004:31.

策已经成为督学的主要工作。当然,人们也承认,越来越多的督学积极参与到州政府的政策制定过程中,努力向州政府的官员提供制定政策和评估政策的建议。就像卡特和坎宁安所说的那样:"督学们对倾斜而下地执行州政府和联邦政府的法令的任务相当不满,同时,督学们也自觉地积极参与并试图影响这些法令的制定。"因此,督学们不仅越来越多地执行各种法令,也在越来越多地以个人身份或者通过其所属的专业组织,向政策过程注入重要的信息和观点。① 这就显著地促进了教育政策的执行效果,促进了教育的有效发展。而我国基层教育政策的执行者,尤其是民族区基础教育阶段的政策执行者,他们自身素质不佳。据调查获悉,大部分基层具体教育政策由县级教育行政官员来制定和执行,他们的学历偏低(如下图3—2所示),从M县教育局股级及股级以上领导学历情况调查统计来看,1989年至2005年,M县教育局股级及股级以上领导中,本科学历仅有3人,占总数的5%,其余大部分是专科学历,而且还有一些仅仅具有初中学历。因此,他们在教育政策执行方面的专业知识欠缺。他们普遍从基层中小学教师做起,层层升职,逐渐脱离一线教学岗位,变成名副其实的基层教育行政官员。凭借他们长期积累的经验(往往是几年、十几年或几十年前在基层学校生活和工作时形成的经验)和推理(往往是一种理想主义)来形成基层的决议。

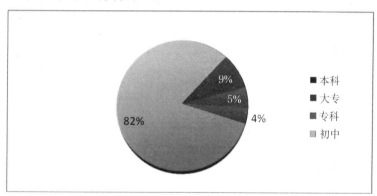

图 3-2　M 县教育局股级及股级以上领导学历情况(1989—2005)

在民族地区,由于工作环境比较艰苦,教师的工资、待遇又不高,所以教师职业在民族地区并不受欢迎。调查时了解到,近些年随着地方经济的发展,人民的收入不断提高,而教师的收入水平则相对越来越低,严重影响了教师队伍的生源问题,进而也影响了地方教育行政人员的素质提升。尽管他们拥有多年一线教师工作的丰富经历,对本县基础教育的发展状况有深入的认识,但是作为县域教育发展的规划和实施者,他们的专业知识存在明显的先天不足。尽管国家安排了一系列教育培训项目,如近几年实行的规模宏大的国培项目等,但是对于全国范围内巨大的教师群体,依然属于杯水车薪。并且这样的教育培训项目是短暂的,针对性也不强。另外,不同类型的教育政策项目差别巨大,仅

---

① [美]福勒.教育政策学导论[M].许庆豫,译.南京:江苏教育出版社,2007:140.

仅依靠基层教育官员因地制宜地去执行难度过大。在国家宏观政策指导下，急功近利执行下来的教育政策，其问题可想而知。这种长期形成的情况，不可能短时期内在全国范围内得到解决。基层教育行政官员必要的学历和专业知识只是实现教育政策有效执行的必要条件，但并不是充分条件。这就需要地方教育行政人员提高对自己工作职责的认识，树立正确的教育发展理念，在工作中不断反思，不断总结经验，从而提升自己的教育政策执行能力，从而针对不同教育政策寻找新的途径，提升政策与现实问题之间的契合性。

（三）政策执行主体文化观偏失

政策执行主体文化观的偏失是影响中小学布局调整政策执行效果的一个重要因素。文化观主要指人们对不同文化的观点和态度。正确的文化观是建立在人们对不同文化的正确理解和认识基础上的。正如我国著名社会学家费孝通先生所提出的，要以"各美其美，美人之美，美美与共，天下大同"来看待和处理不同文化之间的关系。但是当今社会对民族文化普遍缺乏正确的认识，教师和教育行政人员也不例外，我们所调查的多民族地区学校的教师和教育行政部门工作人员普遍有此感受。他们经常从教育角度将正在工作的民族地区与自己曾经生活过或工作过的地区进行对比，认为现在所教的民族学生这方面不好，那方面也不好，眼中看到的都是缺点，而从来不去学习人家的优点。例如，有些教师经常说布朗族、拉祜族等民族直接从奴隶社会过渡到了社会主义社会，他们发展比较落后。

正是在以上文化观的影响下，现阶段民族地区基础教育办学普遍向主流社会看齐，向城市看齐，把教学质量的提高寄希望于集中办学上，坚信每个学校学生数量增多就会带来办学的规模效益，而对民族文化缺少深入的理解，缺少对民族文化传承与保护的充分认识，对优秀的少数民族传统文化视而不见。中小学布局调整政策在民族地区实施的过程中受到当地教育行政官员的欢迎，得到了迅速的推进。方便管理、节约成本、提高教育质量是他们主要的目标。在他们看来，高度集中办学是实现这些目标的最好途径。所以，这些民族地区的教育行政官员和教师建立正确的文化观非常重要，绝不可用单一的应试教育评价标准来衡量民族地区的教育发展问题，要根据民族地区学校教育发展的特殊和实际状况，真正做到因地制宜地执行教育政策。

二、政策执行目标团体的"顺从"

（一）政策执行目标团体"顺从"的表现

"目标团体是指政策直接作用、影响的对象。政策能否达到预期目的，不是政策制定者一厢情愿的事情，也不是政策执行者能够完全决定的事情，而是在很大程度上取决于目标团体的态度。"[①]一般而言,"目标团体顺从、接受政策,政策执行就会成功;目标团体不顺从,拒不接受政策,政策执行就会失败;目标团体只部分接受,也会加大政策执行的难度。"[②]但是,政策的目标团体不仅仅是政策的单纯受众,他们同时也是政策的参与者和监督者。目标团体对教育政策顺从的前提是政策本身的合理性以及对地方政策环境的适应性,否则,目标团体对一项教育政策的单一顺从只能给政策实施带来更大的负面影响,并使该项教育政策走向终结。

笔者在 M 县调查时了解到,中小学布局调整政策执行者对家长们的意见置若罔闻,几乎毫不在意。尽管在国家后续出台的一系列中小学布局调整政策的压力下,在形式上做了一些征求家长意见的工作,但是只做到征求意见而已,对于家长认真提出的意见并未采纳。家长在完全反对布局调整规划的情况下,在意见栏填上了"办学前班",这也是中家长们的普遍心声。他们普遍认为:"孩子太小了,实在要撤并学校,那么至少也得把学前班保留下来啊。"但是在中小学布局调整政策具体实施的过程中,政策执行者并没有这样做,普遍是学前班连同小学一同被撤并掉。当问及家长对中小学布局调整政策的看法时,他们普遍回答:"这是国家的政策,我们也没有办法,只能无条件地服从。"所以他们只能眼看着本寨子里近在咫尺的校点被撤掉。

M 县与我国大部分地区还有一个不同之处是,这里的中小学布局调整政策过程中还多了一个特殊目标群体——和尚生。尽管集中办学影响了缅寺内和尚生在寺庙的学习时间(集中办学前,正在接受义务教育的和尚生至少每天放学后还可以回到缅寺学习民族传统文化知识,而集中办学后由于家校距离变远,实行寄宿制,这些正在接受义务教育的和尚生只能周末回到缅寺学习民族传统文化知识),但是访谈时了解到,他们基本连被中小学布局调整政策执行者征求意见的机会都没有。他们对此普遍表示很无奈,有意见也无机会提,于是只能默默地顺从。

(二)政策执行目标团体"顺从"的原因分析

1.国民性使然

基层人民对国家政策有着极强的顺从感,国家层面的政策对于基层人民来说则有着极强的神圣性,一提到国家层面的政策,即地方政策实施者说的"这是国家的政策",在潜意识中,基层人民第一反应往往是"应该绝对服从"。政策出台的行政层级越高,在地方实施过程中越具有权威性。基层教育行政官员在执行中小学布局调整政策的过程中,一句"这是国家的政策"不知说服了多少群众。笔者在田野调查时了解到,无论是政策的执行者和还是政策对象,他们普遍表示"撤点并校"是"国家的政策,我们又没有办法扭转"。

①　陈振明.公共政策分析[M].北京:中国人民大学出版社,2003:292.

②　陈振明.公共政策分析[M].北京:中国人民大学出版社,2003:292.

2.国家教育管理体制使然

国家对教育的管理分两种,一种是集权型,一种是分权型,这主要由国家宪法决定,宪法是母法,是最高效力的法律依据。我国宪法第十九条明确规定:"国家举办各种学校,普及初等义务教育,发展中等教育、职业教育和高等教育,并且发展学前教育。"因此,我国对教育的管理基本属于中央集权型。这种类型的政府很多,其中比较典型的是法国,例如"最清晰的教育制度就是西泼莱替·泰纳所描述的 19 世纪法国的教育'教育部长应该感到骄傲,他只要看看表,就知道整个帝国的学生这个时刻在学习维吉尔诗篇的第几页。'"①另一种类型是教育上分权型,比较典型的是美国。美国之所以如此,是因为美国建国后的宪法中规定,以后出现宪法中没有规定的事情则由地方管理。而美国创立第一部宪法时并没有出现现代化学校教育,因此,现代化学校教育出现后,便按照宪法的规定将权力交给地方政府。而我国教育权主要掌握在中央政府,地方执行的政策主要源自中央政府。在这种中央教育集权情况下,地方由于受制于中央的管理,他们的教育管理权主要来自上级教育行政管理部门,而不是地方政府和基层人民。所以,他们在中小学布局调整政策执行过程中往往只对上级负责,按照上级部门的意愿来开展自己的工作,而很少站在基层人民和学生的角度去思考政策执行问题。

3.阶层传统使然

我国长达数千年历史中形成的身份取向与身份崇拜,为官本位意识的产生提供了心理基础。由于底层人民的"先天自卑"往往造成底层人民对上层管理者的"望而生畏"和上层管理者对底层人民的"不屑一顾",这就失去了不同阶层之间先天的平等对话。在好的情况下,以拥有科学知识自居的教育行政官员认为基层人民的实践知识是不重要的;坏的情况下,认为基层人民的知识是"危险的迷信"。所以不难理解在并校取向的中小学布局调整政策执行过程中,基层人民的微弱无力。

4.参与权缺少可操作性

尽管国家在后续出台的中小学布局调整相关政策中逐渐加强了对群众意愿的考虑,但是所赋予的权力缺乏有效的操作性,不能达到政策中利益群体之间权力制衡的效果。国家在推行中小学布局调整政策之前,学校各相关群体力量处于相对平衡状态,学校的布局调整相对比较合理。当国家以政策的形式直接介入后,这种平衡状态便被打破,使各群体处于一种失衡状态。"政策实施领域的主要行动者就是政策实施者。正式的政策

---

① [美]斯科特.国家的视角[M].王晓毅,译.北京:社会科学文献出版社,2004:276.

实施者是政府官员,他们享有法定的保证新政策得到贯彻的权力。"①国家赋予地方政策执行官员的权力是直接的、是实质性的,而赋予地方群众的权力是间接的、是形式性的。国家将政策权力直接赋予了地方行政人员,而没有直接赋予地方人民任何参与政策过程的实质性权力。"只是提供了行使这些权利的一种形式机会,而非实际机会"。② 尽管中小学布局调整政策要求地方政府在地方具体教育政策制定和执行的过程中考虑地方人民的利益,征得地方人民的同意,但村民的权力能否真正实现是由执行政策的地方政府决定,两者之间的力量处于失衡状态。因此,国家赋予人民参与中小学布局调整政策实施的权力是不彻底的。在某种意义上说,地方行政机关在实施政策过程中普遍存在利益冲突,这种冲突是不可避免的,只有这种冲突得到合理有效的解决才能促使政策执行取得良好效果。因为政策对象是复杂的,"被设计或规划出来的社会秩序一定是简单的图解,它们经常会忽略真实的和活生生的社会秩序的基本特征。严格服从规则的工作的失败可以清楚地说明这一点。它们表明,任何生产过程都依赖于许多非正式的和随机的活动,而这些活动不可能被真实设计在规划中。仅仅严格地服从制度而没有非正式和随机的活动,生产可能在事实上已经被迫停止。"③马格林将他们所遇到的问题简洁地归纳为,"如果对未来唯一能够确定的就是它的不确定性,如果唯一能够肯定的是我们将要不断面对意外和惊奇,那么任何计划、任何药方都无法应付未来不断显现出的不确定性"④。

另外,以前的乡村学校普遍是由村民出钱来集资建造的。1985 年,中共中央国务院颁布了《关于教育体制改革的决定》,在该文件中已经把发展基础教育的责任交给地方,文件中指出"实行基础教育由地方负责、分级管理的原则"。1987 年 6 月,国家教委和财政部又联合出台了《关于农村基础教育管理体制改革的若干问题的意见》,在该文件中进一步强化了各级机构在基础教育中的办学责任,即"县学县办,乡学乡办,村学村办",农村教育管理体制继续维持。其中村办小学仍然以村办为主,村集体对村办小学承担的责任主要体现在:"负责解决危房,改善办学条件;提高教师待遇,筹措民办师资;管好学校资产,维护学校权益;动员适龄儿童入学,参与监督学校工作。"但是到了 2001 年,国务院《关于基础教育改革与发展的决定》出台以后,该文件指出义务教育实行"在国务院领导下,由地方负责、分级管理、以县为主"的管理体制。另外,教育部发展研究中心在 1998 年选取7 个省的 26 个样板县的调查指出:农村义务教育的投入,中央补助约占 1%,省补助占11%,县投入占 9.8%,其余 78.2% 由乡和村筹集,主要还是村民出钱。因此,与以往相比,现在学校很少由村民直接出钱建设,而由政府直接出资,这样便使得村民失去了对学校的自我怀有感,进而失去了抵制政府在实施中小学布局调整政策过程中撤并学校的自

---

① [美]福勒.教育政策学导论[M].许庆豫,译.南京:江苏教育出版社,2007:248.
② [美]罗尔斯.正义论[M].何怀宏,等译.北京:中国社会科学出版社,1988:283.
③ [美]斯科特.国家的视角[M].王晓毅,译.北京:社会科学文献出版社,2004:8.
④ [美]斯科特.国家的视角[M].王晓毅,译.北京:社会科学文献出版社,2004:442.

我权力感。殊不知,学校的建设资金源于政府,其实就是纳税人的钱,归根结底大部分还是村民的钱,可这对于村民来说,他们普遍并未意识到。

5.缺乏权利救济制度

中小学布局调整政策在全国实施十余年来,国家和地方出台了许多直接相关政策和一些辅助性政策,其目标是缓解布局调整过程中出现的问题,促进中小学布局调整政策的推进。例如,财政部颁布的《中小学布局调整专项资金及项目管理暂行办法》等,但是都缺少人民群众这个利益主体权益的保护和权力救济。一些地方政府通过撤并学校、扩大教育规模和减少教师编制,实现减轻财政负担的目的,却造成村民家庭的教育支出大幅增加。在这个意义上,成本转移成了一些地方教育效益提高的"捷径",即把本该由政府承担的办学成本逐渐转嫁到了村民身上。[①] 在某种程度上,增加了家长在教育上的投入,只不过是间接而已。地方行政机关往往一意孤行,为了应付上级的要求做一些形式工作,或采取一些强制办法。如同拆迁政策一样,基层官员为了完成指标,甚至不惜以各种方式迫使居民在拆迁协议书上签字,而作为政策实施必要程序的民意调查则变成了基层政府操控的数字把戏;而与此同时,司法救济的大门也向提出诉求的居民关闭;主流媒体也很难介入这些纠纷和争议,即使报道出来,地方政府也不予理睬。[②] 人民群众在求助无援的情况下普遍只能默默承受。

三、执行机构组织间沟通失调

这里的执行机构组织间的沟通主要指在政策执行过程中,政策执行主体与政策目标团体之间的沟通与协调问题。政策执行一般指公共政策主体将政策付诸实施的实践过程,政策目标的实现不但要求政策制定机构制定出正确合理的公共政策,而且更有赖于政策执行部门有效地执行政策。影响政策执行的因素不仅包括政策本身的合理性、合法性和可行性,还包括政策执行主体自身的素质、态度、政策执行环境、公众态度等等。在这些影响因素之中,政策执行者的因素则会对政策的执行效果带来重要的影响。政策执行主体,指依法负责执行国家公共政策的组织或个人。政策执行过程是政策主体与政策目标团体之间利益和目标协调的过程。所以除了政策主体与政策目标团体各自影响政策效果之外,政策执行主体与政策目标群体之间的沟通与协调也是影响教育效果的重要原因。M县在中小学布局调整政策执行过程中,政策执行主体与政策目标团体处于失衡

---

① 周大平.农村学校布局调整的曲与直[J].瞭望,2013(24):25.

② 朱晓阳,卢晖临,佟新.防止城中村改造扩大化——由昆明扩张之路反思中国城市发展[J].共识,2010(3):15—17.

状态,主要表现为政策执行主体自上而下的行政问责和"一把手"主政的一味政策贯彻。

(一)自上而下的行政问责

"一项普遍政策得以贯彻到什么程度,通常取决于官僚对它的解释,以及取决于他们实施该项政策的兴致和效率。"①我国教育政策执行过程基本以行政执行过程为主,这是政策执行的重要动力。我国教育政策的实施过程主要由中央发布,然后通过地方政府和地方教育行政部门来具体落实。其中地方政府主要包括:省级政府、地区级政府、县级政府、乡镇政府。地方教育行政部门主要包括:教育部——省教育厅(自治区教育委员会)、直辖市教育局——地级市、省辖市教育局(自治州、联盟教育委员会)——县级市、县教育局(市辖区教育局、教育委员会)——乡镇文教办(文教组)。② 在我国,行政问责是政策执行最有效率的措施之一。人性的一条普遍规律是每一个人都向对自己有利的方向努力,主要的目的是希望获得更大的好处,或是出于害怕更大的祸患;人也不会忍受祸患,除非是为避免更大的祸患,或获得更大的好处。也就是说,人人都会两利相权取其大,两害相权取其轻。③ 对于被问责的政策执行者来说,政策实施的好坏直接影响自身的利益,问责的上级领导直接决定下级行政人员的利益,受斯宾诺莎所指出的这种人性规律的影响,一些地方基础行政人员无法抗拒利益的唆使。所以,自上而下的行政问责只能让中小学布局调整政策在地方的实施走样,甚至误入歧途,将政策推向终结的境地。

> 集中办学这个政策提出,当时开始推行的时候,州委书记×××对这个工作相当重视,推行的力度很大。各个基层在这块做不到的,他要找教育局局长问责,要找主管教育的副县长问责。在这种情况下,为了完成上级领导的任务,为了迎合上级领导的旨趣,大家使劲地推进学校集中办学,有时候甚至要做家长的工作,要和那些老百姓不停地做思想工作,不要引起百姓的集体上访,同时还要把这个工作推进。另外,在硬件的配备设施建设上也需要一定的时间,于是大家就认真地去做这件事情。但是到后来,也是像我们最初所预测的那样,我们当初就说低段还不能实施集中办学,现在看确实是不行,现在刹车,"宜并则并,宜撤则撤",原则上就近入学,不像原来那样激进,慢慢地,一步一步弄。④

在问责制面前,下级政策执行者出于对个人利益、未来发展及其个人影响力的综合考虑,往往选择对上级下达的任务只是服从。即使有自己的想法也无法有所作为,长此以往便形成了习惯,基层政府和教育行政部门成为上级政策的简单和机械执行者,所谓的地方"因地制宜"在行政压力面前无法真正落实。

① 张金马.政策科学导论[M].北京:中国人民大学出版社,1982:325.
② 孙绵涛.地方教育行政系列研究[M].武汉:武汉工业大学出版社,1992:2.
③ [荷]斯宾诺莎.神学政治论[M].温锡增,译.北京:商务印书馆,1997:215.
④ M县教育局行政人员访谈记录,2013年10月24日.

(二)"一把手"主政的一味政策贯彻

从政策学的视角来看,中小学布局调整政策制定的过程体现了明显的"内输入"特点。所谓"内输入",是指社会在没有利益多元化的情况下,主要由政府的精英代替人们来进行利益的综合与表达,其特征主要表现为权力精英代替人民进行利益的综合与表达,而不是多元决策下的社会互动。① 地方行政部门在执行中小学布局调整政策过程中产生的问题如此多,与地方行政化地推动政策关系密切。农村中小学在各地撤并得很快,有些地方集中后的学校恢复原来的分散办学格局也很快。这与我们通常所看到的许多教育政策实施过程中存在阻滞问题大不相同,在某种程度上可以彰显出地方行政部门政策执行能力很强,但其根源往往是由于地方教育政策执行情况与地方行政官员自身利益直接相关,教育政策执行的力度大,可以得到上级领导乃至国家级别的表扬与奖励,因为加快推进地方中小学布局调整政策属于上级教育行政部门和国家最初的政策取向。上级管理部门通过行政上的奖励等政策执行工具的运用,来促使上级的意愿在下层教育行政部门得到有效实施与贯彻。政策执行主体所处的不同行政位置意味着可以获取不同程度的利益,可以支配不同的资源,资本(权力)是利益的现实表征。位置网络意味着不同位置在不同类型资本(权力)的分配结构中处于不同的实际的和潜在的处境,以及它们与其他位置之间的客观关系(支配关系、屈从关系、结构上的对应关系,等等)。② 县级教育行政部门在落实上级中小学布局调整政策时,制定县域内中小学布局调整具体规划,主要属于教育行政领导对县域学校发展取向在政策上的践行。中小学布局调整政策在基层的执行过程主要体现了地方领导的办学思想。

笔者在调查过程中,通过对 M 县家长的深入访谈了解到,许多村寨中教学点的撤并,并未充分征求家长的意见,仅仅是走形式而已,家长的反对意见没有得到政策执行者的合理回应。家长普遍认为应至少保留学前班和低年级学生在本村寨上学,但是在实施撤并的过程中地方政府并没有满足家长的这些要求,依然把所有的学生全部撤并到离家更远的学校,包括学前班的学生,他们和高年级的学生一样实施寄宿制管理。

① 陈振明.公共政策分析[M].北京:人民大学出版社,2003:341.
② [法]布迪厄,[美]华康德.实践与反思:反思社会学导引[M].李猛,李康,译.北京:中央编译出版社,1998:133
—134.

　　所以在我们来看,有些教育政策会坚决执行到底,有些教育政策会弹性执行,有些教育政策则不予执行。现在我们不是一把手,我们只是贯彻政策,领导说让干我们就干,我们有意见和领导提是没有用的,是没有人听的。原来我在当这个县的人大代表、县政协代表、党代表的时候,每次我都爱提点意见,只要我觉得该提的我都提了,我提了很多,但是到最后都是石沉大海,没有任何变化,依然按照领导的原有计划行事。经过几次这样的事情之后,后来再选我当代表我直接就不去参加了。①

　　我们对国家的政策和上级政策不评价,直接执行。因为我们评价又怎么样呢,我们又不是政策的制定者,说了也没有用,国家要求怎么做我们就怎么做,这是我们的责任,因为我们说的又不算,如果我们是政策的制定者,我们也会讨论讨论,既然没有讨论的价值,那么只有按要求认真执行这些教育政策就可以了。②

MH 镇集中办学的组织领导③

　　在实施州委、州政府提出各县、市中小学实行集中办学以来,镇党委、政府对此事高度重视,认为这是 MH 镇办学以来一件重大改革。走跨越式集中办学之路,将对培养众多人才,改变民族教育落后的现状,起到历史性的作用。结合 MH 实际,组织领导工作如下:

　　1.成立集中并校领导小组,以书记×××、镇长×××为组长;主管教育×××部长、副镇长××××、小学校长×××任副组长;小学副校长×××、×××、村级校长×××、×××、×××、×××、×××为成员的寄宿制小学建设工程领导小组,定期召开会议,及时协调解决在实施过程中出现的各种矛盾和问题。

　　2.建立中层领导定点联系寄宿制小学建设制度,经常深入基层了解情况,帮助解决实际困难和问题。

　　3.各站所、村委会以及村民小组要关心、支持农村寄宿制小学建设,积极主动为学校排忧解难办实事,抓好控辍保学工作。

　　M 县的集中办学受到地方教育行政官员的重要影响,教育行政官员的变化直接影响地方教育发展取向的转变。笔者在调查过程中了解到,云南省前任教育厅厅长倡导素质教育,并提出"三生教育"的基础教育发展思路,而新任教育厅厅长则倡导传统的应试教育,基于改变民族地区教育发展落后的现实问题,缩小省际教育差距,与现代化学校教育接轨。因此,以提高教育质量为核心目标,具体以提高学生的学习成绩为归宿点。他认为通过集中办学,进而加强学生管理是提高学生学习成绩的一个有效措施。这种思路也是 M 县许多学校领导和教师的主流观点。因此,云南省教育厅现任行政官员大力倡导集中办学,建设现代化学校设施,加强现代化的学校管理。在此期间,为了提升学校的教育

---

①　M 县教育局行政人员访谈记录,2013 年 10 月 24 日。

②　M 县教育局行政部门领导访谈记录,2013 年 10 月 24 日。

③　内部资料,M 乡 MH 镇中小学集中办学规划,2009 年 3 月 16 日.

效果,提高学生的学习成绩,按照上级教育行政部门的要求,M 县教育局还制定并实施了教学常规检查的学校管理措施,完善学校正规化运行的基本制度。同时,在集中办学政策的实施过程中,通过行政手段自上而下大力推进该项教育政策实施的进程。在 M 县具体采取副县长问责制。这也是 M 县中小学布局调整政策得到快速推进的重要原因之一。

另外,中小学布局调整政策也受到县级教育行政部门不同领导的直接影响,这些领导的"软弱"与"强硬"的工作特点,直接影响一项教育政策的具体落实情况,或者导致政策执行停滞不前,或者导致政策执行急速推进,当然也有按照合理的执行速度有序推进的。

ME 九义学校在一年前就开始按县教育局的要求规划撤并该校中学部分,由于当时来自社会各方的反对比较强烈,所以学校撤并的决定只停留在口号上,并没有得到实际执行。但是,自从今年县里新换了一个教育局局长后,情况大不一样。由于该局长做事雷厉风行的特点,也可能是新官上任三把火的原因,便使 ME 九义学校中学部的撤并得到了快速落实,将该校的初中学生全部撤并到 M 县第三中学就读。①

---

① MZ 镇中学教师访谈记录,2013 年 10 月 12 日。

第三节　并校问题的政策环境根源探析

政策环境是影响中小学布局调整政策实施过程中产生并校问题的一个重要原因。尤其在民族地区,中小学布局调整政策环境更为复杂,所以对政策效果的影响也更为严重。尽管这些政策环境随着时间的流逝在不断发生变化,但在很大程度上这样的变化保持了历史的连贯性。某一特定时间和某一特定地区的复杂的社会因素,构成了特定的政策环境。① M县作为典型的民族县,基本涵盖了民族地区所存在的政策环境特征。M县县域范围内中小布局调整政策实施效果受制于M县特殊的政策环境,因此,M县的政策环境是导致并校问题的重要原因之一。下面首先运用政策生态学理论构建教育政策环境影响教育政策效果的具体分析框架,然后根据这个分析框架主要从影响显著的文化教育环境、政治法律环境和外在政策环境三方面对并校问题的政策环境根源进行归因分析。

一、政策环境影响政策有效性的政策生态学理论分析

"公共政策是具体社会环境复杂运行的产物。"②按照系统论思想,政策系统是一个同外部环境不断发生联系与作用的开放系统。一般来说,狭义的政策环境是指政策制定系统以外的一切与之相关的因素,是决定或影响政策制定与实施的自然条件和社会条件的总和。广义地理解政策环境,界定起来较复杂,所以我们仅从狭义的角度分析环境因素。研究政策环境具有重要意义,这是党和政府制定政策的客观依据,教育政策要根据政策环境的实际情况来制定。只有从我国社会的性质、政治、经济、文化、教育、人口、资源、科学技术等方面的基本情况,以及自然条件和国际环境的实际出发,这样才能实事求是地规定各项政策的内容。③ 环境对政策系统的影响巨大,它不仅规定了政策的内容,而且也深深影响政策的执行和政策目标的实现程度。在政策制定中,如果不全面而充分地考虑到每一个环境因素的作用,那么很难使政策具有现实性;同样在政策实施中,如果环境与政策不协调,那么很难使政策顺利落实。④ 尤其是对于民族地区来说,现代学校教育缺乏历史积淀,发展相对缓慢,同时又受到民族传统文化等特殊政策环境的影响,所以教育政

---

① ［美］福勒.教育政策学导论[M].许庆豫,译.南京:江苏教育出版社,2007:50.
② ［美］福勒.教育政策学导论[M].许庆豫,译.南京:江苏教育出版社,2007:50.
③ 陈庆云.公共政策分析[M].北京:中国经济出版社,1996:136.
④ 陈庆云.公共政策分析[M].北京:中国经济出版社,1996:138.

策环境非常复杂。波恩斯和斯塔克尔以及尹和他的同事一起进行的研究表明,像教育这样的软技术领域的政策能否成功取决于它能否适应政策环境。① 因此,有必要对教育政策环境进行专门考察与分析。

一般意义上的环境是指系统边界之外,同时与系统进行物质、能量和信息交换的所有事物。政策环境与环境有类似的特点,主要指"影响政策产生、存在和发展的一切因素的总和"。② 从生态学意义上说,任何公共政策系统的形成和运行总离不开一定的复杂环境。由于公共政策本身就是一个有着内部结构的系统,而其赖以存在和运行的环境也是一个系统,因此可以将公共政策系统运行的生态环境称作为环境超系统。③ 通过以上分析,我们可以发现,公共政策执行环境主要指与公共政策执行系统有着直接或间接关联的各种外部要素的总和。公共政策执行环境一般是指公共政策执行的外部环境。"内部环境一般不采用'环境'的提法,而是以公共组织内部的结构、人员管理等名义出现。"④它包括影响公共政策执行有效性的外部自然环境和社会环境等,由于与社会环境的关联更紧密些,所以社会环境的影响也就更大一些。在专制社会,政策执行普遍因为政策制定过程中缺乏民主参与或民主参与的程度不高而效果不佳;而在民主社会,政策执行与政策制定一样,往往是按照法定的程序和少数服从多数的原则进行的,民众参与程度高,执行效果好。⑤ 因此,政策执行的效果与政策执行环境密切相关。深入研究政策环境是明晰政策问题的重要举措。里格斯认为,要想理解一个国家的公共行政,不应仅仅局限于行政系统本身,而应该跳出这个行政系统,转为从社会这个大系统来考察行政,也就是考察一国的行政与该国的社会环境的关系。⑥ 通过以上的简要分析,根据生态行政学的观点,我们可以把政策环境与政策有效执行之间的关系用图 3-3 表示⑦:

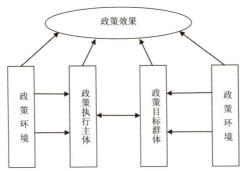

图 3-3　政策环境影响政策效果分析图

① [韩]吴锡泓,金融杆.政策学的主要理论[M].金东日,译.上海:复旦大学出版社,2005:386.
② 陈振明.公共政策分析[M].北京:中国人民大学出版社,2003:52.
③ 陈谭.公共政策学[M].长沙:湖南师范大学出版社,2003:93.
④ 崔运武.公共事业管理概论[M].北京:高等教育出版社,2002:42.
⑤ 金太军.公共政策执行梗阻与消解[M].广州:广东人民出版社,2005:101.
⑥ 里格斯.公共行政比较研究的趋势[J].国际行政科学评论,1962(2).
⑦ 高建华.民族地区公共政策有效执行的环境因素影响分析[J].云南行政学院学报,2010(5):134—137.

（1）政策环境通过对地方政策执行主体与政策目标群体的直接影响，来间接影响政策的有效执行。政策执行主体的具体执行决策是政策有效执行的基础和前提。一般来说，政策制定以后，要转化为政策执行者的执行行为。因为政策制定者与政策执行者普遍是分开的，政策执行者做到完全理解政策制定者的意图存在一定的困难，所以政策执行者必须对政策制定者所制定的公共政策进行不断消化与理解。同时，政策执行者在与政策环境的相互作用中，也要对政策制定者所制定的政策进行过滤和再决策。在这一过程中存在两种情况：一种是，如果政策环境对政策执行过程中的政策再制定控制得严密，使政策执行者对政策制定者所制定的政策不敢任意篡改和修正，就可以保证政策制定者的政策意图得到落实；另一种是，如果政策环境不能做到对政策执行者的执行行为进行有效控制，政策执行者就可能会依据自身的利益和价值判断做出有悖于政策制定者政策意图的政策再制定，从而使政策执行发生偏差。另外，政策目标群体受周围环境的长期影响，会形成对政策的不同态度，进而影响政策执行者能否顺利执行政策并取得预期的效果。

（2）政策执行的政治环境、经济环境和文化环境等，对政策执行者和对政策目标群体都会产生影响，进而影响政策执行的有效性。经济发展水平、文化传统、民众心理等，都是环境因素的重要方面。这些环境因素不仅对政策执行者和政策目标群体分别进行影响，而且也会影响政策执行者与政策目标群体之间的关系。"权制条件下的管理是直接以权力为根据而实现的管理控制，在管理方式方法上往往需要有很强的技巧性，权术和权谋是这种管理的必要手段。"相比之下，"法制条件下的管理总是不懈地追求制度设计的科学性和合理性，对于任何问题的解决，都寄希望于管理制度的完善。"①政策的执行要在两种理念下寻找一种平衡，处理好与政策环境的关系。

（3）一项政策在执行过程中经常会受到其他相关政策的影响，有些是直接的、显性的，有些是间接的、隐性的。这是因为政策之间具有关联性，尤其是在同一历史时期，有些不同政策是为了解决相同问题而产生，所以彼此之间都存在不同程度的影响，有的政策会促进其他政策的执行，当然有的政策也会阻碍其他政策的执行。面对一个重大的社会问题，不是单纯出台一项简单的政策并单独执行就能解决的，甚至不是一个部门出台的政策就能解决的，而是需要一系列政策和一些相关部门的相互配合才能最终得到有效的解决。所以，其他一些相关政策也构成了中小学布局调整政策的重要政策环境，需要对其进行研究。

---

① 张康之.公共管理伦理学［M］.北京:中国人民大学出版社,2003:7.

二、文化教育环境:政策执行的加速剂

(一)宗教信仰的影响

"文化是一种集体的思想方式,这种方式使一种群体或一个社会的成员与另一种群体或社会的成员区别开来……文化通过人们赋予生活的各个方面的意义表现出来,在人们审视世界的方式中、在人们在这个世界上扮演的角色中、在人们的价值中表现出来……文化在社会的体制和有形物品中变得具体化。"[①]M 县作为云南省典型的民族县和边境县,民族文化丰富,历史悠久。例如,小乘佛教传入 M 县内已有近千年的历史。663年,暹罗北部的哈里奔猜国始建佛寺,此时尚未传入傣族部落,直到 1292 年兰那国芒来王(泰族)征服南奔,小乘佛教就传到了兰那,然后从清迈传到景栋,再从景栋传入这里,这时已经是 14 世纪下半叶到 15 世纪上半叶。[②] 在 M 县,缅寺遍布每一个傣族和布朗族寨子,并且每一个佛寺都建设得富丽堂皇,是寨子里最壮观的建筑,体现了当地人们对小乘佛教的重视。"十二版纳(即西双版纳州),以佛教为'国教',凡摆夷及蒲蛮聚居之村镇,均有一座,或一座以上之佛寺,亦即摆夷(即傣)、蒲蛮(即布朗)两族之学校,唯一作育人才之教育机关。凡年满九岁之儿童,必须入寺剃度为僧,接受宗教式之教育。此类初入寺之学童……吾人称之曰'小和尚'。每日早晚,除跟随大佛爷二佛爷到佛前拜诵经咒而外,并由寺内负责教授之和尚,如二佛爷之类,教以泐文(即老傣文)拼音及文法。俟能阅读,再教以经典及故事史地算术等学科。若干月年之后,再还俗出寺,蓄发娶亲。在寺期间,并无硬性之规定,数月数年,以至终身,由授教者个人之兴趣,以及其家族之环境如何为断。年满二十足岁,而离寺还俗者,称为'岩迈',若吾人称'秀才'。年满二十足岁,犹在寺为僧,继续研读者,尊称为'督',俗称'佛爷';还俗后……吾人称'学士'。为僧时出家住寺,服黄袈裟,受佛寺住持之管教。除研习泐文,讽诵经咒,实践戒条外,并须为佛寺住持服力役,供洒扫。……女子例不许入寺为学,可请人到家中教授泐文,或由父兄亲授。"[③]

随着社会发展、交通和媒介的便利带来的各种文化交流的便捷与频繁,民族传统文化对当地人的影响力也越来越弱。就 M 县的缅寺教育而言,笔者访谈一名 XD 乡布朗族学生对缅寺教育的看法时,他认为,由于在缅寺当小和尚期间会影响自己接受学校教育的时间和效果,在两者之间的权衡下,他认为当下学校教育对自己未来发展的作用更大,

① [美]福勒.教育政策学导论[M].许庆豫,译.南京:江苏教育出版社,2007:86.
② 江应樑.傣族史[M].成都:四川民族出版社,1983:344.
③ 李拂一.十二版纳[M].台北:中正书局,1955:178—179.

因为在学校里可以学到更多的知识，尤其是可以学好普通话，可以扩大自己的交流空间，即使不能通过层层选拔考试最终获得一个很高的文凭和一个不错的工作，凭借掌握的普通话就可以外出打工或者做一些小生意等，也可以为自己谋得一个很好的出路。所以，在学校的收获更有意义，大大超过缅寺教育。而缅寺教育在语言方面只教授傣文，在我国的应用范围相对较窄。同时，作为母语，他们即使不接受正规学习也没有任何交流障碍。这名学生还认为，缅寺教育的直接作用就是学会念经，当自己年老时可以给别人

图 3-4 因过开门节排队请假提前
离校的和尚生
笔者摄于 M 县第三中学

念经。以前在傣族和布朗族地区，这是男人必备的能力，也是一件很光荣的事。但是现在他却不在乎，他也提到，像他这样不在乎的人越来越多。因此，为了给家中长辈一个交代，他仅仅当了一个月的小和尚。他还提到，有些人甚至二十岁左右马上要结婚了，才象征性地当了一周小和尚便还俗结婚，这些都仅仅是为了给家里老人一个交代而已。他们内心对男儿应有出家学经的观念越来越淡化，已经变成一件可做可不做的事情，失去了往日神圣的崇拜。

从缅寺施教者的角度来看，缅寺的施教者主要是大佛爷，即每座缅寺的负责人。一般一座缅寺有一个大佛爷，有些大的缅寺除了大佛爷外，还有起辅助作用的二佛爷。以前，大佛爷由缅寺和尚生中的优秀者留下来担任，在傣族和布朗族民众中的地位非常高，一名小和尚可以升任大佛爷，无论对于自己还是家人都是一种荣耀。他们不仅是小和尚的施教者，还是各种宗教仪式的主持者。随着社会的发展，当地的许多小和尚已经不再愿意留在缅寺里担任大佛爷，而是更热衷于进入社会中工作。只有一些身体不太健康的人才会选择留在缅寺里担任佛爷，甚至一些村民认为只有懒惰和不思上进的人才会选择去当大佛爷。因此，现在保证每个寨子里的缅寺能够拥有一个大佛爷都变得越来越难。有些缅寺在当地实在找不到担任大佛爷的人时，就直接去缅甸、泰国等国家聘请那里的和尚来担任大佛爷。由于佛爷来源的稀缺，缅寺教育的效果越来越差。

缅寺教育对傣族和布朗族儿童思想道德教育和行为习惯的塑造已经力不从心，城市周边受主流文化影响较深的寨子里的缅寺已经基本没有本寨子的人来当小和尚了。例如 MH 镇 JL 大佛寺，该寺坐落于 M 县城郊，尽管它是整个 M 县较大的佛寺，但是调查时了解到该寺内只有三个小和尚，而且还都是从其他寨子转过来的，JL 村已经没有一个小孩来当和尚了。调查时还了解到，时下的缅寺教育已经成为影响学校教育的一个重要因素。当地的老师和教育行政部门的领导经常提到，这里的学生学习不好主要是因为学校、家庭和缅寺的"三管，三不管"，即形式上学校、家庭和缅寺共同努力管理和教育好学

生,但实质上三者相互依赖,都没有做到认真地管理和教育这些学生,甚至家庭和缅寺对学校的学生管理还起到了一定的阻碍作用,结果造成学生逃学现象非常普遍,由此许多学校还制定了专门的规章制度(如下面的《MH镇"控辍保学"工作措施》),由校领导和专门教师负责管理学生逃学、短期流动问题,尽可能地保证更多的学生在学校里学习。但是这些措施的施行并没有彻底解决学生的短期流动问题。因此,集中办学成为当地教育行政官员坚信可以提升学校对学生管教效果的方式,他们认为集中办学后可以对学生实施封闭式寄宿制管理,可以有效制止学生随便溜出学校造成的逃学问题,同时还可以优化学校的资源配置,改善学校的硬件和软件设施,提高当地的教育质量。

《MH镇"控辍保学"工作措施方案》

1.实行双线签订"控辍目标"责任书。即农户与村小组、村小组与村委会、村委会与政府,学生与教师、教师与学校、学校与教育局。

2.实行"控辍保学"保证金制度,书记、镇长、人大主席、纪委书记、分管教育副镇长每人1000元,副科级领导、中心学校副校长及村完小校长每人800元,中学教师每人600元,全镇全体干部职工及小学教师每人500元,各村党支部书记、副书记、主任、副主任每人300元,各村委会2000元。

3.对不按要求完成"控辍保学"工作的村委会、村民小组,镇政府不安排任何有利该村、该组的项目,且停发应拨入该村组的相关补助经费作为"控辍保学"保证金,直至该村组"控辍保学"工作达到普及程度指标要求为止。

4.各村民小组干部必须对本组教育负起责任,定期或不定期地开好群众、家长会,做好全面的宣传动员工作,对本组内比较典型的家庭,必须做好工作。对拒绝送子女或被监护人入学的家庭,经多次入户做工作仍然无效的,将按村规民约把承包的田地按学生人头份额收归集体,待学生完成九年义务教育后归还。

5.有流失学生的村小组,以就学保证书和学生考勤为依据,两个星期一次,由村级教育执法小组按村规民约进行处理。

6.对未完成九年义务教育而外出务工(当和尚)的适龄儿童少年家庭,镇人民政府将给予家长或监护人1500元的处罚,并责令其复学。辖区内凡收容收留辍学学生的单位和个人,一经查实,将给予1500元的处罚,拒不执行的,将给予5000元处罚。

7.对不按规定招收和尚和不按要求保证适龄和尚完成九年义务教育的寺庙,将给予严肃批评教育,限期整改,拒不整改或整改不明显的,将给予该寺有关责任人3000元的处罚。

8.（略）

9.加强未成年人思想道德建设,加强对网吧、游戏室、台球室的管理,加强学校及周边治安综合治理,建立学生违纪、偷盗、打架、敲诈等调解处理簿,要求受害的学生及时找班主任、保卫、校领导、校政教办公室、派出所,通过学校与家长取得联系,处理结果让学生签名,家长认可,根据情节严重程度,一件一件处理,一台一台解决。镇派出所在校园和校园周边巡逻,对违反规定的,派出所、工商所、学校和相关部门对其严厉整治。

10.在控辍保学过程中,对故意制造事端,妨碍公务或者对工作组干部、工作人员进行打击报复的,一经查实,镇人民政府将严肃追究其责任。造成损失或伤害的,责任人必须对被害人进行双倍赔偿,情节严重的依法移交司法机关处理。

11.对因为玩忽职守、不负责任而造成学生流失的学校,镇人民政府将按"两基"工作追究制度来追究负责人的责任。对情节较轻的将给予通报批评,限期整改,并且当年不得评优和晋升工资;对情节较重的将给予行政处分,并免去现有职务;对因失职而造成学生流失的班级及个人,镇人民政府将按照工作追究制度追究负责人的责任,情节较轻的给予通报批评,当年不得考核为优,不得评先加资,情节较重的,当年考核不合格,站所、机关、学校不得聘用;对不能较好地坚守岗位、我行我素、故意制造事端、扰乱正常工作和教育教学秩序,给学校和社会造成影响的,当年考核不合格,站所、机关、学校不予聘用,学校的交教育局处理,机关、站所的交政府和主管局处理。

12.镇党委、政府每年筹措一定经费,年终进行考核。(1)对完成普及程度指标要求的村委会、村民小组、站所、学校、工作人员、教师给予奖励;(2)对家庭经济状况确实有困难的中小学生给予扶持;(3)对考取大学专科以上的镇农村籍学生给予鼓励,一般专科奖励1000元,本科奖励2000元。

13.镇人民政府成立教育基金会,把处罚金和保证金纳入镇教育基金管理,处罚金用于全镇教育事业。完成目标任务的单位和个人,退回保证金,如目标任务完不成,保证金纳入教育基金。

(二)薄弱的现代学校教育传统

现代学校教育系统进入民族地区相对较晚,只有像贵州石门坎等个别民族地区由外国传教士建立过现代意义的学校,大部分民族地区都是新中国成立后在国家政策的推动下才开始广泛建立现代学校教育系统,而且有些偏远民族地区的乡镇学校建立依然非常晚。例如,云南边境的民族教育至今依然处于很落后的状态,与其起点太低、基础太差、底子太薄直接相关。西双版纳的教育事业,新中国成立前十分落后,全州除傣族有自己的文字以外,其他少数民族只有本民族的语言,没有本民族的文字,处于刻木记事的落后状态。到 1949 年底,全州只有 6 所小学,在校生 240 人。① 另外,调查时了解到,M 县的一个面积最大,拥有面积 1016 平方千米,人口 1.6 万的山区 B 乡,直到 2001 年才在乡政府附近建立起全乡第一所,也是至今唯一一所中学,现阶段刚刚完成"普九"任务。据相关研究显示,"上海市已经从'有学上'到'上好学','上好学'的问题已经基本解决,接下来就是'上自己想上的学',就是有弹性地满足个人不同需求的一种教育,这是上海,已经发展到了第三步了。"②而 M 县则刚刚达到学生"有学上"这个初级阶段,才仅仅是第一步,相比之下,这里的教育发展依然非常落后。

学生的学习成绩始终受到各级教育主管部门的重视,因为这是有效评价教育行政人员业绩的一项重要指标。M 县教育主管部门同样非常重视,为了提高学生学习成绩,2013 年 M 县专门出台了《M 县中小学教学质量评价奖惩办法(试行)》用来激发教师的工作热情,进而提高学生的学习成绩。但是笔者在田野调查过程中,去过的所有农村中小学学生的学习成绩依然很低。如表 3—4 所示,作为小学五年级学生,全班语文和数学两门课程的期末考试成绩非常低,据说这个班级的考试成绩在全乡同年级排名中还是比较靠前的。造成学生学习成绩差的原因比较复杂,当地老师和教育局的行政领导始终坚信通过集中办学是提高学生学习成绩的有效办法。提高学生的学习成绩成为他们大力推进并校取向的中小学布局调整政策的重要动力。

表 3-4　M 县某校点五年级学生期末成绩统计表

	语文	数学	思品	科学
学生数	18	18	18	18
平均分	41.6	30.7	60.6	58.3
及格人数	5	1	10	9
及格率	27.8	5.6	55.6	50
优秀率	0	0	22.2	0
试卷总分	100	100	100	100
最高分	79	79	92	79
最低分	11	8	18	26

资料来源:田野调查收集所得。

---

① 王锡宏.云南边境民族教育调查综述[J].民族教育研究,1989:84—96.
② 丁钢.聆听思想[M].上海:华东师范大学出版社,2012:159.

（三）落后的现代教育观念

教育观念是人们基于对儿童、青少年发展和教育的认识而形成的基本观点和看法。[①] 在 M 县，少数民族家长对现代教育普遍表现出冷漠的态度。现代教育主要指现代化的学校教育，对于民族地区来说，在他们的历史发展过程中存在本民族长期形成的一套实用取向的教育方式，即教育的收获一定是可以为现实生活服务的，所以主要实施的是传承生产生活等实用知识的广义社会教育。在 M 县，尽管傣族和布朗族很早就建立起与现代学校教育很接近的寺庙教育，但是这也是世俗化的，主要为日常的宗教仪式活动服务。这些教育方式有一个共同的特点，即与一定历史阶段的个人日常生活紧密相关，并体现其实用性。而现代学校教育则与他们的当下生活相去甚远，甚至会影响到他们的一些正常的生产生活秩序，如农忙时不能帮助家里劳动等。另外，调查时一些家长经常谈到，他们周围一些坚持一直读书的孩子，有的尽管考上了大学，但是受到当下我国大学生就业压力的现实影响，结果大学毕业后依然找不到合适的工作，后来的发展甚至还不如那些没有读过大学的孩子好，这就更加影响当地家长支持孩子上学的积极性。总之，在长期形成的传统教育观念的影响下，这里的家长普遍对孩子上学问题不但漠不关心，而且往往还会起阻碍作用。通过集中办学，进一步实行寄宿制学校管理成为减少家庭对学生学习负面影响的重要途径。

学生厌学的一个主要原因是父母不支持上学，甚至有些家长不让孩子上学。有一个典型的例子，有一个家庭在外面做烧烤生意，大概每月有两万元的收入。为了省下一个服务员的工资，便让自己刚刚读初一的孩子不去上学，来顶替服务员，这样就可以把这笔支出省下来。

三、政治法律环境：特殊的民族政治关系

民族地区特殊的民族政治关系现状是民族地区教育政策政治法律环境的典型特点。民族地区所存在的特殊的教育政策环境，是影响民族地区教育政策有效执行的重要因素。第一，民族地区的民族政治关系状况会影响公共政策执行情况。民族地区的政治关系比较复杂，既涉及少数民族与汉族之间的关系，同时也涉及主体自治民族与其他非主体自治民族之间的关系，如果处理不好，就会影响民族地区公共政策的有效执行。第二，民族地区特殊的政治体制环境影响着民族地区教育政策的有效执行。陈云生教授认为："在中国自上而下统一的国家体制和领导体制下，一些少数民族干部往往从个人的升降、

[①] 庞丽娟,叶子.论教师教育观念与教育行为的关系[J].教育研究,2000(7):47—50.

去留、褒贬等切实利益出发,机械地执行对口上级业务主管部门的决议、决定、命令和指示,遇到涉及民族自治地方因特点需要变通或补充执行等重大情况,也往往要顾及上下级关系,缺乏这种兼顾上下级关系和照顾本民族、本地方特点的自觉性。"①第三,民族地区教育政策执行者的素质和能力问题影响着民族地区教育政策的有效执行。民族地区教育政策执行者自身专业素质偏低,其产生的原因比较复杂,主要受特定的历史条件和现实条件的限制。尽管国家给民族地区的教育行政部门的领导和学校教师提供了许多去发达地区培训和学习的机会,但是与发达地区相比依然存在较大的差距。这也导致了教育政策在民族地区执行受到较多限制,影响了教育政策的执行效果。

在我国,民族区域自治既不是单纯的民族自治,也不是一般意义上的地方自治,而是民族自治与地方自治两者的有机结合。总的来说,是在地方实行的民族自治,更确切地说,是在一个或几个民族聚居或相对聚居的地方或区域所实行的民族自治。② 在教育领域体现为民族地区一定程度的教育自治权,它对民族地区教育发展发挥着重要的作用。M县隶属于西双版纳州,教育政策实施直接受到《西双版纳傣族自治州民族教育条例》的影响。民族教育条例与民族地区实施教育政策的目的都是为了促进民族地区教育更好、更快、更健康地发展。例如《西双版纳傣族自治州民族教育条例》第四十七条明确规定:"教育工作者要……积极宣传和贯彻执行国家的教育方针及民族政策,尊重各少数民族的风俗习惯,从民族地区的实际出发,做好本职工作。"然而,调查时了解到,M县在实施中小学布局调整政策过程中,政策的制定与执行的相关人员并未考虑与《西双版纳傣族自治州民族教育条例》的协调性问题,没有充分考虑M县各少数民族的风俗习惯,而与非民族地区一样实施撤点并校。其主要原因在于,M县在中小学布局调整政策实施过程中,在上级行政部门的强大压力下,地方的民族教育条例处于边缘状态,并未发挥其应有的作用,这是民族地区教育自治不足的显著表现,也是M县中小学布局调整政策实施过程中出现问题的一个重要原因。

四、外在政策环境:相关政策的外推力

教育是关乎每个人的事情,几乎每个人都感到有资格对教育发表自己的意见和观点。所以,教育决策涉及对许多相互矛盾的需求加以平衡,并寻求对教育感兴趣的不同社会部门的支持,或者至少得到这些机构的宽容。③ 任何一项公共政策都不是单独存在的,许多政策的文本之间都存在一定程度的相互关联性。中小学布局调整政策也同样受

① 陈云生.中国民族区域自治制度[M].北京:经济管理出版社,2001:300.
② 陈云生.中国民族区域自治制度[M].北京:经济管理出版社,2001:48.
③ (以)英博,等.教育政策基础[M].史明洁,等译.北京:教育科学出版社,2003:100.

到其他一些相关政策的影响,有些影响较弱,有些影响较强。M 县在实施中小学布局调整政策过程中,主要在以下几项政策的影响下,将并校取向的中小学布局调整推向极端化。

(一)税费改革政策

为了确保九年义务教育在全国范围内的全面普及,我国于 1986 年 4 月 12 日便颁布了《中华人民共和国义务教育法》。该法中明确规定:"义务教育事业,在国务院领导下,实行地方负责、分级管理。"从法律层面上确立了"地方负责、分级管理"的教育管理体制。[①]自《中共中央关于教育体制改革的决定》实施以来,我国基础教育的发展形成了"农村教育农民办"的格局。1998 年,根据教育部发展研究中心基于 7 个省的 26 个样本县的调查研究指出:农村义务教育投入的比重分别为,中央约占 1%,省占 11%,县占 9.8%,其余 78.2% 由乡和村筹集。由教育投入比重可以看出,这一时期的办学主体很明显,就是乡和村,因为他们是办学费用的主要筹集者和管理设施维护者,而县及县级以上相关行政部门的投入较少,减轻了他们的财政负担。

随着税费制度的改革,县级教育经费的压力逐渐增大,以前由乡镇负责支出的教育经费现在基本转移为县级政府部门负责。为了减轻教育经费不充裕的现实状况,各个县级教育行政部门普遍热衷于对县域内的中小学采取集中办学,其中一个主要的目的就是节约办学成本,减少县级财政的压力,对于像 M 县这样地处偏远、教育经费不足的民族地区更是如此。调查时,当地的教育行政部门领导经常谈及教育经费不够充足,并且坚信集中办学是缓解教育经费负担的重要途径。同时,由于教育仅仅是县财政支出的一部分,教育部门对教育经费的使用需要得到县财政局的同意,间接影响学校教育的发展。不同行政部门对学校教育缺乏深入理解,造成节约教育经费成为不同行政部门遵循的一个重要原则,所以使中小学布局调整政策实施出现问题。

(二)"普九"政策

大规模"普九"政策开始于 20 世纪八九十年代,当时强调办学网点下移,将学校办到村寨里,办到学生的家门口,使农民孩子都可以实现就近入学。然而到了世纪之交,主张通过集中办学以提高农村办学效益的价值取向逐渐占据主流。1999 年至 2003 年,有关部门密集出台的政策文本,均将通过学校集中来进行规模办学视为提高地方教育质量和促进教育公平的重要途径,凸显了当时教育决策中占主导地位的"效率优先"思维。[②]

完成全县基础教育"普九"工作,通过国检验收,是推动地方集中办学的重要动力。

---

① 谭细龙.论教育政策与农村基础教育的发展[J].湖北教育学院学报,200 6(1):73—78.
② 周大平.农村学校布局调整的曲与直[J].瞭望,2013(24):25.

"普九"不仅要求建设足够的学校,而且还要降低辍学率,保证学生在学校安心读书。2001 年 M 县的学校教育发展受多种因素制约,全县范围内的学校教育发展极不平衡,"普六"的巩固与提高任务艰巨,"普九"进展非常缓慢,同时控制中小学生辍学问题难度加大,教育投入不足,教育管理体制改革错综复杂,教育质量偏低等问题极为棘手。县委、县政府、教育主管部门根据省政府要求和 M 县的实际状况,明确提出整体规划、重点突破、分类指导、分期达标、促进发展,为争取 2005 年全县基本完成"普九"任务的目标和实现教育适度超前发展的思路。

M 县作为国家"普九"困难县,尽管全县已经通过国家"普九"验收,但是学生短期流动现象一直层出不穷,逃学现象屡见不鲜,找流失的学生回学校上课已经成为民族地区许多学校一项重要的日常工作,甚至成为学校一项沉重的工作负担。为此,许多学校专门成立了"控辍保学"小组,并且一般由校长亲自任组长,还委任专门教师作为小组成员,专门负责每天一个班一个班地检查学生出勤情况和逃学情况,并且做好具体记录,每月定期向县教育局负责"控辍保学"的股室汇报工作,同时根据每天早上统计的逃学学生名单逐一去校外网吧、餐馆和村寨等地方寻找他们回学校上课,可见学校和县教育局对其重视程度。在中小学布局调整政策的实施过程中,M 县对学校不断进行集中,因为集中后的学校普遍采取封闭式管理,学生短期流动明显减少,这样有利于实现"普九"的政策目标,因此,"普九"政策成为集中办学的一个重要动力。

(三)校安工程政策

校安工程政策源于 2008 年 5 月 12 日的汶川大地震,校舍抗震差问题使学校成为地震受害的重灾区,共有 5300 余名学生死亡或失踪,由此校舍抗震能力受到了政府的充分重视和社会的广泛关注。2009 年 4 月 1 日,国务院总理温家宝主持召开国务院常务会议正式启动全国中小学校舍安全工程,计划从 2009 年开始,用三年时间,对地质灾害易发地区的各级各类存在安全隐患的中小学校舍进行抗震加固、迁移避险,提高综合防灾能力。2009 年 5 月 15 日,教育部、国家发改委、监察部、住房和城乡建设部联合发文。随即,全国各省市相继成立校安办,在全国范围内开始实施校安工程,并成立全国中小学校舍安全工程领导小组办公室(简称全国校安办),统筹全国校安工程。

为了避免校舍建设的二次浪费,地方政府加强了此次校安工程建设的长远设想。国家校安工程项目属于阶段性的,并非长期实施的一项政策,所以对于地方教育行政部门来说,这是吸纳国家资金支持地方基础教育建设的一个机遇。因此,校安工程政策与中小学布局调整政策息息相关,前者对后者起到了重要的经费支撑作用,由此校安工程项目的申请与审批成为上级政府指挥基层布局调整的一个重要手段。例如《云南省教育厅关于做好农村义务教育学校布局专项规划编制工作的通知》(云教发[2003]7 号)中指出:

"县级农村义务教育学校布局专项规划制定工作应于 2013 年 8 月 12 日前完成,各州市于 8 月 14 日前完成对辖区内各县级专项规划审核工作,并以州市为单位,由州人民政府上报省教育厅……逾期未报州市,将停止明年校安工程项目和经费申请。"通过努力,基本实现"普通高中办到县,初中办到县城或中心镇(学区),小学办到乡(镇)或学区,学前教育就近入学"的四级办学格局,力争到 2011 年 2 月,全面完成校舍安全建设计划,全州初步建成 75 所(120～180 人规模)小学,26 所(原则上不少于 180 人规模)初中。同步建立起与学校教育教学相匹配的管理机制和体制,基本实现全州中小学规划科学、布局合理、规模适度、资源均衡、结构优化,办学条件显著改善,办学效益和教育教学质量显著提高的目标。为了完成上级行政部门的要求,《M 县教育局关于上报 2008—2012 年工作总结的报告》中指出:"'寄宿制工程补建项目'投资 1000 万元,涉及 11 所项目学校,新建单体工程 16 个,总建筑面积 8804.49 平方米,'农村寄宿制工程'实施总面积达到 46244.63 平方米,比原规划面积增加 632.63 平方米,完成规划面积的 101.39%","校安工程稳步推进。截至 2012 年 11 月,全县校安工程 131 个新建单体全部开工,封顶 122 个,占开工单体数的 93.1%,封顶 14.2 万平方米,占开工总面积的 88.2%。其中:已竣工 92 个单体,总建筑面积 9.3 万平方米,完成投资 12965 万。92 个竣工单体中,83 个已通过验收并交付使用,其他在建工程顺利推进。"

MH 镇中心学校的校长认为集中办学有百利而无一害,当笔者对另一个乡镇中心学校校长说到该校长对集中办学的热情并取得一系列办学成效时,他对此表示异议,并指出:

她们乡镇在国家出台撤点并校政策以后,集中办学过程中学校撤并的跨度最大,受到国家针对这项政策的经费支持也最多,受益最大,尤其是受到 2009 年"校安工程"经费的有力支持,用这笔钱直接扩建集中后的学校,一年时间内就把全镇的 14 所学校撤并成 7 所,并计划在最近两年内撤并成最终的两所学校。[①]

可以看出,他认为那位校长对集中办学大力倡导与支持的原因在于可以获得更充裕的办学经费。

由以上分析可以发现,学校布局调整政策与校安工程项目息息相关,因为学校布局调整过程需要新建大量的校舍,这就需要大量的资金支持,而校安工程项目是集中办学的一项重要资金来源,因此,该项政策对农村中小学布局调整政策的推进发挥了重要激励作用。同时,也导致了布局调整政策实施的一定程度的偏差,使学校过于集中而造成中小学布局调整政策的导致出现问题,并将政策推到了暂停的境地。

---

① 　MH 镇中心小学校长访谈记录,2012 年 4 月 8 日。

第四章　中小学布局调整政策出台合理性之法理探讨

　　从中小学布局调整政策制定、执行和政策环境的分析可以发现,中小学布局调整政策在实施过程中存在典型的"由上到下"的"一刀切"问题,同时我们也发现,这些问题在中小学布局调整政策实施过程中又是不可避免的。由此,有必要进一步反思这项政策本身的合理性,在此我们主要从法理和国际比较两个角度进行论述。

第一节　中小学布局调整政策的合理性之争：
工具理性与价值理性

从已有的研究来看,关于中小学布局调整的研究与关于中小学布局调整政策的研究之间的界限并不是很明确,存在许多交叉。从整体上来看,已有研究对当下中小布局调整政策的看法基本形成以下两种。

一、政策是合理的

这是一种主流观点,该观点认为中小学布局调整政策本身是合理的,而政策执行过程中出现问题的原因,是后期相应资金投入不足,配套设施没有同步跟进。许多研究者都在默认这项政策本身是正确的基础上来谈如何进行中小学布局调整,如何使政策实施得更好,而没有质疑政策本身的合理性问题。例如,有学者认为学校布局调整过程中,由于资金投入不足,不少学校并没有新建校舍,造成合并后学校班额过大,教学质量并没有明显提高。① 其实,一项政策的出发点是好的,并不意味着这项政策本身也是好的,进而就一定会取得好的政策结果。一些决策者习惯性地认为:一旦政府采纳某项政策,并且拨付必要的经费,那么政策就会得到顺利执行,其预定目标自然可以达成。② 中小学布局调整政策也存在同样的思维模式。该项政策的许多理论研究者和政策的实践执行者普遍认为,实施中小学布局调整政策过程中所遇到的突出问题是学生离家远,学生通过自己走路和骑车等方式无法实现。基于此,直接应对的措施主要有两种:一种是建立完备的校车系统,满足学生的走读要求;另一种是建立寄宿制学校,使学生整天整夜学习和生活在学校,只有周末或节假日才回家一次,从而避免学生每天上学路途遥远的问题。

因此,为了进一步解决中小学布局调整政策执行过程中的这些问题,现阶段针对校车和寄宿制学校方面的研究越来越多。其中比较有代表性的是《"校车"还是"寄宿"——农村学校布局调整后两者的优劣比较及选择》③一文,文中指出农村学校布局调整后最突出的问题是学生上学距离变远,于是便产生了"提供校车服务"还是"发展寄宿制学校"来

---

① 于海波.农村学校布局调整要警惕辍学率反弹[J].求是,2009,(16):56—57..
② Dye.Understanding Public Policy Englewood Cliffs:Pretice—Hall,Inc,1978.
③ 杨卫安,邬志辉."校车"还是"寄宿"——农村学校布局调整后两者的优劣比较及选择[J].上海教育科研,2012(12):36—38.

解决学校与家庭距离变远问题的两难选择。从成本、安全、教育等几个方面综合考虑,研究者认为发展寄宿制学校是更好的选择。同时指出,地方政府要继续坚持把就近入学和发展寄宿制学校作为未来农村学校布局调整的主要方向,不能盲目地不考虑实际地发展校车系统。

再如,周芬芬博士的研究同样认为中小学布局调整政策本身是好的。导致该项政策出现问题的原因在于追求公平取向的家长与追求效率取向的政府之间存在冲突,并且认为这种冲突是不可避免的。政府为了提升农村中小学的办学效率,坚持推进撤点并校,这样必然增加家长的经济负担,加剧家长与政府之间的冲突,为了解决这种冲突,作者提出通过对家庭额外经济负担等补偿来避免或削弱这种冲突。① 路易斯和迈尔斯的研究发现政策实施中的许多困难是由资源不足引起的,在校长提出的所有问题中,三分之二的主要问题和一个次要问题都与资源相关(主要问题涉及缺少时间、缺少经费、教师发展水平不充分、设施简陋,次要问题是缺少实施政策的技能)。② 这也意味着只要有足够资金投入,就可以解决中小学布局调整政策实施过程中出现的问题。

二、政策是不合理的

这种观点认为中小学布局调整政策本身是不合理的,主要是站在学校与乡村之间和谐发展的立场来加以论证的。因为中小学布局调整政策实施导致学校与社区的进一步疏离,不利于学生的成长与发展,以及乡村的发展与建设。李书磊出版的专著《村落中的"国家"——文化变迁中的村落学校》③(1999 年)便提出了学校与社区的疏离,不利于学生及社区的发展。自此之后,有许多博士论文做了相关研究,其中比较有代表性的如张霜博士和龙黎博士的研究中均指出,影响学校教育及民族学生学业成就高低的关键是文化因素,学校与社区的疏离是学生低学业成就的重要因素,提出"和谐共生"应该成为调节学校与社区关系的基本指导思想来促进两者之间的融合和共同发展。④ 尽管李书磊的研究对象是非民族地区,张霜博士和龙黎博士关注的主要是民族地区,但是他们均认为应该采取一系列措施促进学校与社区进一步融合,尤其是问题更为突出的民族地区,而不是实施中小学布局调整这样的教育政策使学校与社区进一步疏离。

在日本,20 世纪 80 年代的一些相关研究提出从复兴地区教育的角度综合地推进"学校的社区化"与"社区的学校化",社区处处皆学校,成人皆是教师。为了推进扎根于社区

① 周芬芬.效率与公平:农村中小学布局调整的目标冲突与协调[D].武汉:华中师范大学博士学位论文,2008.
② [美]福勒.教育政策学导论[M].许庆豫,译.南京:江苏教育出版社,2007:260.
③ 李书磊.村落中的"国家"——文化变迁中的村落学校[M].杭州:浙江人民出版社,1999.
④ 张霜.民族学校教育中的文化适应研究——贵州石门坎苗族百年学校教育人类学个案考察[D].北京:中央民族大学博士学位论文,2008.龙黎.文化视野中的藏区小学与社区关系研究——以邛山村小平小学"文化孤岛"现象为个案[D].重庆:西南大学博士学位论文,2009.

的教育,有必要从终身教育的高度,考虑学校、家庭、社区的社会分工。① 另外,湖南师范大学的刘铁芳教授一直以来都在关注乡村教育,包括乡村学校及乡村的建设与发展问题。他一直倡导教育应该回归生活,农村学校应该融入自然。这也间接表明,农村学校教育要与其所在的农村社区紧密联系起来,两者之间应该相互融合。

以上这些研究都间接涉及学校布局调整的合理性问题,从中可以推断出过度撤点并校的不合理性,无论配套设施是否达标,都不能解决学校与社区的疏离问题,所以不宜集中办学。

随着中小学布局调整政策实施过程中问题的逐渐增多,2012 年 11 月 17 日,在北京召开的 21 世纪农村教育高峰论坛上专门讨论了农村学校撤点并校问题。会上北京大学教育学院刘云杉教授在她的专题发言中指出:农村撤点并校背后不是农村教育政策如何实施的问题,而是中国农村未来到底如何建设和发展的问题。另外,刘云杉教授还认为,作为国家代理机构的学校如同一座"飞岛"悬浮在乡村社会之上,两者之间一直没有做到真正的融合。它早在精神上和心理上切断了与乡村的联系。而由农村中小学布局调整所带来学校物理空间上的外移,不过是这一"飞岛"的具形化,真正变成一个地理意义上的"孤岛"。她进而明确提出农村学校不应该脱离农村社区,而是学校应该进一步融入乡村,因为它属于乡村。② 另外,福建师范大学毕世响教授也有类似的见解。他主要从历史的角度对中小学布局调整进行了批判,在其发表的文章中指出:学校的原型带有养老与议论国家政治的议会性质特点,学校里的人都是贵族,学校的原型与社会行政组织互为表里。学校的布局隐含的是人与思想的谋划,学校一直以来是人与思想出没的地方,而当下我国实施的中小学布局调整政策造成学校的撤并把人与思想都丢失了,他认为在以后相当长的历史时期,应该恢复"学在民间"的学校原型,并且应该将其成为国策。③ 由以上两个有代表性的研究可以发现,他们明确地对中小学布局调整政策本身的合理性提出了质疑,认为我们应该继续努力实现学校融入社区,促进两者的和谐共生。

综上所述,按照韦伯的理论,合理性分为价值理性和工具理性,政策的价值理性强调政策决策对固有价值的纯粹的无条件的信仰,认为只要决策动机端正、程序正当,不论结果如何政策都是合理的;而工具理性是一种工具崇拜和技术主义,重视定量化、规范化和精确化的方法论,其核心目标是效率最大化。④ 由以上两种观点可以看出,他们表面上是对中小学布局调整政策出台的合理性之争,而实质上是两种价值取向之争。前者更偏向工具理性,后者更偏向价值理性。如何综合考虑使之变得更具有合理性,则不得不从政策的本源法理的层面进行探究。

---

① [日]筑波大学教育学研究会.现代教育学基础[M].钟启泉,译.上海:上海教育出版社,1986:232.
② 刘云杉.乡村学校:村落中的国家?[N].中国教育报,2012-11-12(3).
③ 毕世响.人与思想出没的地方——学校原型的天问[J].上海教育科研,2012(2):14-17.
④ [德]韦伯.经济与社会(上卷)[M].林荣远,译.北京:商务印书馆,1997:56.

第二节　中小学布局调整政策出台的合法性

合法性理论是当代西方政治学、政治哲学、政治社会学、法学等学科研究的一个重要领域。系统地对合法性问题进行研究始于韦伯。针对韦伯开启的合法性研究，哈贝马斯进一步从经验主义研究范式进行研究。他的研究不仅从经验主义出发进行合法性研究，而且还继承了韦伯的社会学视角。另外，哈贝马斯虽然转换了合法性研究的视角，从规范的角度切入对合法性进行研究，但是他的合法性研究却并非是规范主义的。经验研究和规范研究作为人类历史上长期并存的两种取向，从研究的角度看，二者似乎处于截然对立的状态，但在现实的意义上，二者却具有互补性。他力求在规范研究与经验研究的张力之间寻找一种实践平衡。因为任何一种人类社会的复杂形态都面临着一个合法性的问题，即，该秩序是否和为什么应该获得其成员的忠诚。而在现代社会里，这个问题变得更为突出也更为普遍了。①

公共政策合法性是指："公共政策的每一项政策行为至少在形式上必须符合法律规范或者是传统规范，遵循正当民主程序，在价值层面体现公共利益导向，并获得公民对公共政策系统及其产出的认可和接受。"②一般包括静态的合法性和动态的合法性，"所谓静态的合法性即法律意义上的合法性，指教育政策内容程序与主体的合法性。动态的合法性即政治学意义上的合法性，政治学意义上的合法性并不仅限于'与法律一致'，而且还涉及公众对执政党或政府执政理念意识形态导向制度法规与政策，以及施政行为及其后果的认同和接受的程度。"③教育政策的出台就是通过严密的政策议程确定政策问题，并把能解决政策问题的办法合法化的过程。从理论上说，政策的合法与否直接决定着这项政策能否出台。

一、教育法缺乏对教育政策制定的规制

政策与法律相比，最大的优点是其具有灵活性，它可以有效地与其周边环境的变动保持一致，随着政策环境的变化不断调整政策内容，出台一系列相关政策，而不局限于唯

---

① ［英］米勒，波格丹诺.布莱克维尔政治学百科全书［M］.邓正来，译.北京：中国政法大学出版社，2002：440.
② 刑玲.公共政策价值合法性危机探究［J］.中共南京市委党校南京市行政学院学报，2005(5)：30－32.
③ 石火学.教育政策创新解读：基于公共政策的视角［J］.江苏高教，2013(6)：8－11.

一的政策文本,对解决社会突发问题具有时效性。但是,政策也存在它的弱点,即,政策的制定会陷入偶然性和随机性,尤其是政策出台不够慎重和周密时,往往政策执行一旦出现问题便出台相应的新政策,又出现问题便再出台相应的新政策,于是便造成政策被执行后不断产生的后续问题牵着鼻子走,处于一种被动状态,往往不利于现实教育问题的有效解决。与政策相比,一部法律的出台,往往要经过复杂而严密的制定程序,接受来自各个方面的监督和调控,不仅有立法法设立制定程序,规范制定者的行为步骤,还有严格的代表表决通过比例作为民主性保证,最后还有专门的解释、审查、备案机关进行事后的管理。而政策的出台程序却要简单得多,尤其在我国,这种现象更为突出,往往通过几个部门联合举行的一个会议,便可以促使一项国家层面的教育政策迅速诞生。

在我国,对政策制定程序的规制主要源于行政法。但是,一直以来没有明确的法律对政府行政决策程序进行规定,成为我国行政法律制度中的缺陷。1990年,行政诉讼法把"符合法定程序"规定为合法性行政行为的三大要件之一,从此便确立了行政程序法制在我国行政法治中的必要地位。[①] 随后有关专家学者便展开行政程序法的大量立法研究。我国的行政程序法经历了曲折的立法历程,第一次行政程序法立法建议在1986年提出,后来直到2003年,行政程序法再一次被列入十届全国人大常委会的五年立法规划。2004年,行政立法的研究组正式向全国人大法工委提交了《行政程序法(试拟稿)》,但是到2008年十一届全国人大常委会立法计划却将行政程序法从计划中删了出去,结果导致准备了二十多年的行政程序法又回到了原点。行政决策权力的运行依然没有法定程序可依,随意性一直很大。到2004年,国务院才印发了《全面推进依法行政实施纲要的通知》,该《通知》中提出了健全行政决策机制、完善行政决策程序、建立决策跟踪反馈和责任追究制度等三项主要任务,要求建立起公众参与、专家论证和政府决定三方相结合的行政决策机制,并且针对重大决策事项专门提出要进行必要性、可行性、合法性论证。随着中央层面政策的确立,全国各地有部分省、市针对行政决策程序,陆续颁布了一系列相关的规范性文件。2008年,国务院进一步发布《关于加强市县政府依法行政的决定》,该《决定》就完善市县政府行政决策机制,提出在重大行政决策中,构建起听取意见、听证、合法性审查、集体决定、实施后评价、责任追究等六项程序性制度。2010年,国务院发布《关于加强法治政府建设的意见》,该《意见》提出了依法进行科学民主的决策,再一次重申要规范行政决策程序、完善行政决策风险评估机制、加强重大决策跟踪反馈和责任追究等要求。要加强行政决策程序建设,要把公众参与、专家论证、风险评估、合法性审查和集体讨论决定等方面作为重大决策的必经程序。从以上这些文件可以看出,国务

① 应松年.中国行政程序法立法展望[J].中国法学,2010(2):5—26.

院都要求地方政府对重大行政决策进行合法性论证或审查。①

在中小学布局调整政策实施过程中,我们可以发现,2001 年国家正式提出中小学布局调整政策的《关于基础教育改革与发展的决定》颁布,它的出台早于上面谈到的三个针对政策出台的规制性文件。所以《关于基础教育改革与发展的决定》这项政策在制定过程中是否进行了合法性论证或审查值得怀疑。从现有的文件资料分析可以看出,尽管该项决定开篇便引用了义务教育法、未成年人保护法等与学校教育发展相关的法律,但是对这些法律里面的相关内容显然没有进行合法性论证或审查,否则该《决定》中应该在现有第 13 条"因地制宜调整农村义务教育学校布局"中提出撤并学校过程中须经受教育权人的监护人同意。②

因此,要加强对行政机关政策制定程序的法律控制,规范法律的解释机制。这涉及在政治上调整立法、行政、司法之间的权力关系问题。只要这三者之间的权力关系调整到位,那么对行政机关制定政策时的控制手段是非常多的。如果一旦就法规制定权的授予做出了详细规定,那么有诸多监督技巧可供选择。③ 例如,英国的议会审议程序,德国的"授权立法不明确即违宪"等原则,以及西方各国通行的司法审查,都是可以借鉴的。在教育政策制定过程中也可以采取同样的方式,保证教育法对教育政策制定的有效规制,保证每项教育政策都有明确的法律依据,具备充分的合法性基础,使教育政策与教育法协同一致,更好地解决现实中的教育问题,为教育事业的有效发展服务。

二、教育政策与教育法的关系

政策与法律的关系,不同时期呈现出不同的特点。从表层上看,政策与法律是形式法和实质法的关系。政策与法律、实质法治与形式法治之间天生地存在着一定程度的紧张关系。因为政策是易变的、是灵活的,而法律是相对稳定的,有时也可以说是僵化的。政策虽然注重的是实体正义,但往往会忽略形式正义和程序正义。稳定的法律则相反,它往往注重形式正义和程序正义,但形式法治却导致了实体正义的失落。因此,现代国家既需要实体正义,也需要形式正义,但是现实中往往为了实体正义却忽略或抛弃了形式正义④。我国中小学布局调整政策整个过程属于典型的缺乏形式正义,没有遵循严密的法律程序。

① 成尉冰.对农村义务教育学校撤点并校的法律分析——兼论我国行政决策程序的重大缺陷[J].北大法律信息网 http://article.chinalawinfo.com/ArticleHtml/Article_74226.shtml。

② 成尉冰.对农村义务教育学校撤点并校的法律分析——兼论我国行政决策程序的重大缺陷[J].北大法律信息网 http://article.chinalawinfo.com/ArticleHtml/Article_74226.shtml。

③ [美]克温.规则制定——政府部门如何制定法规和政策[M].刘璟,张辉,丁洁,译.上海:复旦大学出版社,2007:277.

④ 邢会强.政策增长与法律空洞化——以经济法为例的观察[J].法制与社会发展,2012(3):117-132.

　　我国曾经一度盛行,而至今仍然存在法律工具主义倾向,由此便导致法律是工具、政策也是工具的基本看法,两者在作为工具的作用上处于同一层次。于是在利用这两种工具进行社会治理时,便可以对两者进行比较和选择。法律的特点是具有严格的立法程序,出台过程缓慢,并且具有稳定性;政策刚好相反,不具有严格的制定程序,出台过程迅速,并且具有灵活性,可以不断试错。这导致在"摸着石头过河"思想的指导下,政府更为偏爱的往往是政策,而不是法律。① 于是,政策与法律的关系便进一步演化成"重政策,轻法律",这也是我国当下国家治理的主要特点。一般来说,凡是谈论价值,从根本上说都应该是相对人这一课题而言的,价值是为人而产生、为人而存在的,人是一切价值的主体。② 而教育的特殊性在于培养人,促进人的全面发展,在当今社会,每个人都要接受学校教育,至少是九年义务教育,这对每个人的人生发展过程是影响巨大的。教育政策通过影响学校教育而间接影响到每个人的发展,所以每项教育政策的出台影响更大。一旦出现政策失误,就不仅仅是经济损失那样简单,它影响的将是一群人,甚至是一代人的健康发展问题。所以,在教育事业发展上更应该理性地认识到教育政策能力的有限性:一方面,要加强对教育法律的重视与应用;另一方面,要加强法律对政策制定的规制。香港学者岳经纶教授曾讲过,我们是有政策,却没有公共政策。其原因在于我国的政策过程是精英决策,而不是大众参与的,很多都是仅仅注重专家决策而已。但无论领导决策,还是专家决策,实质都属于精英决策,所以这还不是真正意义上的公共政策。③ 教育政策作为我国公共政策的一部分,也存在同样的问题,即教育政策并未体现其公共性,仅仅是少数人的决策而已。20 世纪 80 年代,在依法治国的历史背景下,我国于 1986 年颁布了《中华人民共和国义务教育法》,在该法中,将适龄儿童和少年平等受教育权的保护作为立法的重要内容,同时规定了"国家、社会、学校依法保障适龄儿童、少年接受义务教育的权利","凡年满 6 周岁的儿童,不分性别、民族、种族,应当接受规定年限的义务教育"。但由于立法的局限和受到以效率为价值追求的宏观教育政策影响,《中华人民共和国义务教育法》在颁布后的 20 年实践中,义务教育的非均衡问题一直凸显。④

　　所谓法理,是指构成一个国家整体法律或其中某一部门法律的基本精神和理念。中小学布局调整政策的法律基础是义务教育法,所以中小学布局调整政策主要涉及义务教育法的法理。我国义务教育法(2006 年修订)第十二条:"地方各级人民政府应当保障适龄儿童、少年在户籍所在地学校就近入学",明确规定要保障儿童就近入学的基本权利。但在中小学布局调整政策的实施过程中,大幅度的学校撤并增加了学校与家庭之间的距

---

①　邢会强.政策增长与法律空洞化——以经济法为例的观察[J].法制与社会发展,2012(3):117-132.

②　王宏维.社会价值:统摄与驱动[M].北京:人民出版社,1995:37.

③　岳经纶.公共政策的价值取向[J].中国审计,2003(10):19-20.

④　陈鹏.义务教育教师均衡配置的法理探源与法律重构[J].陕西师范大学学报(哲学社会科学版),2010:160-164.

离。调查发现，中小学实施撤并后，自然村寨里的小学（包括教学点）基本不复存在，只有特别大的行政村和乡镇政府驻地才会保留学校，这就造成学生上学要走几千米甚至十几千米的路程。

在越来越关注教育政策、越来越注重运用教育政策的同时，教育法就越来越被冷落，一切教育改革和教育行动基本都听命于教育政策。以 M 县为例，它所隶属的西双版纳傣族自治州就有专门的民族教育条例，即《西双版纳傣族自治州民族教育条例》，但是该《条例》自 1993 年 3 月 21 日实施以来，至今已有 20 余年未曾修订过。这一般存在两种原因：一个原因是这项民族教育条例制定得比较好，一直适合当地现实教育发展；另一个原因是，这项民族教育条例已经基本淡出当地教育发展的实际需要。如果是前者，那就应该切实地运用到当地民族教育发展中去，发挥其应有的作用。如果是后者，那么说明没有对该《条例》进行及时的修订，表明相关政府部门对其不够重视。笔者在当地进行中小学布局调整政策调查时了解到，此项政策的实施基本没有考虑过当地的民族教育条例。由此可见，教育法规正在让位于教育政策。

美国法律经济学运动的重要人物波斯纳曾指出，经济进步是可以在缺少法律，甚至根本没有法律的情况下发生的。对于一个正在实现现代化而且日益繁荣的国家来说，它将会有额外的资源来逐渐改善它的法律制度。在改善的过程中，如果一开始对法制改革的投入过于巨大，反倒可能会消耗过多的经济资源，进而扼杀整个改革。而谨慎的选择应该是推迟进行那些代价昂贵而且又雄心勃勃的法制工程，而取而代之的应该是一个比较适度的开端。① 那么，随着我国综合国力的增强，对教育投入的不断增加，按照波斯纳的理论观点，从资源充裕的角度来看，我国现阶段更应该加强对依法治教的重视，提升教育相关法律对教育政策的规制。另外，随着义务教育的实现，国家以政策的形式对教育的干预不断加大。国家面对各项公共事业，存在钱如何分配的问题，这个过程不可避免地要考虑效益问题。学校教育属于公共事业，所以也不例外，政策的工具理性在教育事业发展上的作用不断得到彰显，因此，应该不断提升法律在教育发展中的作用，避免教育政策对教育法的僭越而肆意去影响教育事业的发展，尤其是消极的影响。所以，应该扭转教育法的不利地位，使教育法和教育政策之间的关系处于相对平衡状态，进而更好地为我国教育事业的发展服务。

---

① Posner. Creating a Legal Framework for Economics Development [J]. The World Bank research observer, 1988 (13): 3.

第三节　教育政策出台依据的域外借鉴

国外对教育政策的研究与应用比较广泛，而我国加强对教育政策的研究则是近二三十年的事情，所以，国外关于教育政策出台有许多理论与实践方面的经验与教训，值得我们加以参考与借鉴。

一、政策出台有严密的法律程序

无论在自由社会还是在专制社会，公共政策都是必须存在的。作为公共物品，它的效用只有在产生公共物品的社会机制较完善的时候，才能发挥出它应有的作用。[①] 法律适当介入教育政策决策过程，有利于提高决策的质量和效率。人的有限认识理性决定了个体决策能力的有限性。作为出台教育政策的教育行政部门的核心领导者，虽然他们出于美好的愿望，并付出巨大的努力，但他们的行动却不可能完全做到理性。[②] 而由于受到利益的诱惑，喜好独裁又往往是每个决策者的真实想法，他们不愿意与他人分享自己可控制的权利。如果通过法律来对政策决策者、政策过程的参与人员以及具体的决策程序加以制度性的规制，则可以使民主的决策过程得到保证。另外，"不同学科都有典型的思维方法和独特视角，教育政策研究面向的世界，其丰富性和繁杂性要求教育政策研究思维的多元性，视角的多样性。"[③] 而法律通过具体制度的设计，可以保障不同的决策参与者在决策过程中利用自己的专业知识，大胆地提出决策建议，并且有利于对这些建议进行优化整合，切实应用到具体政策过程之中，进而有利于提高教育政策的科学性与合理性。许多国家的教育政策出台过程中，都需要经过一道道非常严密的法律程序进行审核，然后才能让一项项新的教育政策问世并发挥其现实效用。这些法律程序设立的主要目的，是为了确保与每项教育政策相关的专家学者和各个相关利益团体有充分的利益表达机会，使教育政策在相互博弈的过程中逐渐达成一致而得以产生并趋于完善。这样的过程有利于提升政策的合法性、合理性以及政策实施的有效性。

---

① 程杞国.政策制定的机制分析[J].南京社会科学，2000(3)：39—43.

② [美]马奇.决策是如何产生的[M].王元歌，章爱民，译.北京：机械工业出版社，2007：7.

③ 褚宏启.教育政策学[M].北京：北京师范大学出版社，2011：64.

在英国,一项教育政策要经过一系列复杂程序和反复论证才有机会出台。由于英国政治的分权制特点,其政治权力变得比较分散,因而在教育政策的制定过程中,各种政治力量都会对其产生影响,包括议会、政府、专家学者、利益集团。每一项教育政策的出台,都是上述各方斗争和妥协的结果。从这个意义上说,英国教育政策制定的一般过程具有"团体决策模式"的特征。这样可以制止政府权力的过度扩张,制约政府及其工作人员违反政策、法律的行为,形成对政府权力的有效监督和限制,保障教育政策制定的民主性和科学性。

在日本,教育政策的制定过程不仅是民主的,而且对于公众来说大多数都是透明的。对教育政策制定具有影响力的群体很多,如专家、议员、各种团体等,他们各自代表不同的利益群体,尤其是来自参、众两院中不同党派的议员更是代表着不同的利益群体。此外,当国会进行某项政策或法案的辩论时,大多是通过电视、广播等媒体现场向国民进行报道。因此,教育政策制定过程实际上是不同利益群体相互斗争和相互妥协的过程。① 在这个政策利益争夺过程中,即使不同利益群体的代表,主观上追求的是该群体的利益,但是在客观上也起到了对政策或法律方案的不断完善作用。② 因为每个群体在争取自身利益的过程中需要不断去完善政策意见,进而使得总的政策方案得到不断的完善。所以,通过日本教育政策出台过程可以发现,民主而透明的政策制定过程有利于制定出科学、合理的教育政策。

在美国,由于政治制度复杂的多层级特点,形成了众多的教育政策过程环节。在任何一个环节上,政策建议都有可能受到来自不同利益团体的牵制或者否定。因此,有时一项政策建议成为一项正式的政策甚至需要花费几年时间,而一项政策建议在议会正式通过前被否定多次,又多次重新提出,也是常见的现象。实际上,提交到美国国会的大多数政策提案不仅不会成为法案,甚至从来就没有在全会上获得投票表决的机会,这些提案随着成立专门委员会的建议的否决而胎死腹中。③ 相比之下,"尽管法院并不像立法实体那样可以制定并颁布法律法规,但是,通过阐释宪法及法律的制定,法院很明显地影响了教育政策的制定与实践过程"。④ 法院一直不断地支持依据合法的教育目标而制定合理的政策。如果学校的教育实践和政策是任意制定的,与教育目标毫无关联,或者没有什么更重要的理由就伤害了个体的权利,那么法院也确实会宣布学校教育实践和政策是无效的。⑤ 这样可以有效地控制教育政策在地方执行过程中围绕政策目标行使,避免出

---

① 赖秀龙.日本基础教育政策制定的机制特征与启示[J].教学与管理,2009(9):77—79.

② 河源.简析日本教育政策的制订[J].国家高级教育行政学院学报,2001(4):75—77.

③ [美]福勒.教育政策学导论[M].许庆豫,译.南京:江苏教育出版社,2007:81.

④ [美]麦凯布,麦卡锡,托马斯.教育法学——教师与学生的权利[M].江雪梅,茅锐,王晓玲,译.北京:中国人民大学出版社,2010:479.

⑤ [美]麦凯布,麦卡锡,托马斯.教育法学——教师与学生的权利[M].江雪梅,茅锐,王晓玲,译.北京:中国人民大学出版社,2010:483.

现教育政策的偏差。

在美国,政策的执行过程也要受到相关利益团体的制约并按照一定的程序实施。"一项政策的执行过程中,一般有 15 个主要参与者参与执行过程。政府、议会、司法部、联邦和州及地方政府官僚、政府外的民间团体和利益团体等都参与执行,并发挥各自的影响。"①如如图 4-1 所示,这是一个典型的政策出台过程模式。这是一种在实践过程中自上而下与自下而上相结合的政策制定模式。所谓自上而下,即出台的教育政策是政府出于解决社会实际问题的需要,在政府的委托下,民间资金的先期赞助下,形成研究报告,而出台后的政策还是以自上而下的形式贯彻下去的。而自下而上,则指的是教育政策以研究报告的政策建议为重要参照意见,而研究报告是在广泛调查教育现实问题,在汇总多人、多方意见的基础上形成的。政策出台时受到总统、行政机构、国会和法院多方权力机构制衡,所以每项教育政策的出台都要经历许多周折,这样避免了政策出台的随意性,提高了政策的科学性。

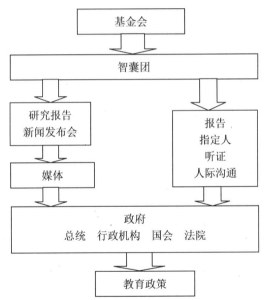

图 4-1 从研究报告到政策形成的美国教育政策制定模式②

总之,在当代西方各国中,分权与限权还是不断地得到确认和强调。在正常情况下,议会表决仍然是西方国家政府部门进行重大决策时所必须面对的一道程序,只有通过议会的审议批准才能使政府的政策合法化。③ 所以,在教育政策的制定过程中,应加强制度化建设,逐渐形成科学合理的教育政策制定程序,确保教育政策制定者按规矩办事,使各

① ［韩］吴锡泓,金融杆.政策学的主要理论[M].金东日,译.上海:复旦大学出版社,2005:408.
② 郁琴芳.从研究报告到政策形成的教育政策制定模式之研究——以 20 世纪 80 年代美国关注教育质量政策的形成为例[D].上海:华东师范大学硕士学位论文,2004:41—42.
③ 邢会强.政策增长与法律空洞化——以经济法为例的观察[J].法制与社会发展,2012(3):117—132.

个相关利益群体有效地介入其中,促进各种权力机关的相互制约与平衡。同时,把教育政策制定过程的相关信息及时向公众公开,尤其是向教育政策的利益相关群体及时公开,保证他们的知情权,进而增进公众对教育政策的理解与认识,调动他们的积极性,使他们在后续的政策执行过程中提出更加有针对性的意见与建议。这样可以提升教育政策的合法性与合理性,进而促进教育政策实施的有效性。

二、"求实"的政策价值取向:工具理性与价值理性的统一

价值是关涉应当的问题。价值决不能作为对象本身的特性,它是相对于一个估价的心灵而言的,如果离开了意志和情感,就不会有价值这个东西。① 政策的价值取向是以价值为基础的,对公共政策的价值性解释,取决于人的价值取向。首先,从微观层面上看,每个人都会根据自己的需求、偏好、利益等,对事物给出自己的主观认定,每个人所给出的这种认定可能是相同的,也可能是不同的;其次,从宏观层面上看,公共政策的价值取向是政策主体所提出的价值要求,用以引导每个不同个体来认同这种价值要求。② 政策主体提出政策价值要求的过程,也就是教育政策的价值选择过程,是教育政策制定者在自身价值判断基础上所做出的一种集体选择或政府选择。它蕴涵着政策制定者对于政策的期望或价值追求,体现了政策系统的某种价值偏好,表达着教育政策追求的目的与价值。③ 当教育政策的相关群体在政策价值取向上形成一致认同时,就可以避免政策过程中彼此之间许多不必要的摩擦与冲突,可以提高教育政策的时效性。那么,教育政策的主体就要充分认识政策问题,从实际出发,本着实事求是的态度在教育政策制定过程中提出明确合理的政策价值要求,形成合理的政策价值取向。当我们面对多个政策方案需要做出选择时,如果有了价值要求,那么就会避免在做出取舍时的束手无策。但摆在我们面前的价值也是多元的,如效率、生产力标准、公平、平等、秩序、自由等等。我们的选择并非难在判断真假冲突,而是难在判断善恶冲突。这就要求我们必须从事实出发,根据具体的情况进行具体的分析,分别对特定的环境中支配一个群体或个人的价值加以确认。

20 世纪的后半期,公共政策科学得到了显著发展,甚至有人认为公共政策科学已经称得上一门独立于行政学和政治学的专门学科。但从它在总体上接受了行政学的科学追求这一思路来说,它并没有走出行政学为它框定的领域。在某种意义上,公共政策科学实际上是在科学的名义下牺牲了公共政策作为科学的研究对象的完整性,这也就是公

---

① 李连科.哲学价值论[M].北京:中国人民大学出版社,1991:30—31.
② 王庆华.利益博弈时代公共政策的价值取向[J].吉林大学社会科学学报,2012(2):115—120.
③ 刘复兴.教育政策的边界与价值向度[J].清华大学教育研究,2012(1):70—77.

共政策科学与实践相分离的根本原因。① 由此我们可以发现，如果抛开称谓而言，公共政策科学与实践相结合是保证公共政策科学性的基本要求。那么，作为公共政策的分支学科教育政策学来说，一定要沿袭科学与实践相结合的基本精神，本着实事求是的态度，从现实教育问题中来，回到解决现实教育问题中去。在具体的教育政策制定过程中，一方面一定要从教育的特殊性出发，教育是培养人和促进人全面发展的学问，其核心是人，是每一个学生，所以，所有教育政策的出发点与归宿点是保证每名学生受教育权得到充分维护，使每一名学生得到全面、自由和充分的发展。另一方面，一定要从教育发展的现实状况出发，我国教育发展非常复杂，不同区域教育发展差距悬殊，如东西部地区、城乡区域等都存在不同教育发展状况，所以，不能仅仅凭借教育政策主体的理性思考来制定教育政策去处理现实中复杂多变的教育问题。

　　总之，在教育政策的制定过程中，要做到工具理性与价值理性的充分结合，尤其要打破"唯上"的经济效益理性，即国家从理性思考出发，为了提升办学的经济效益而自上而下地单纯推行教育政策，而是要回归到"求实"的教育发展实际上来，即教育政策的制定一定要从地方教育发展的现实情况出发，以事实为依据，使教育政策的制定与执行与地方教育发展的实际情况相契合。

---

① 张康之.公共政策过程中科学与价值的统合[J].江苏社会科学,2001(6):59－60.

第五章　民族地区中小学布局调整政策有效实施的策略

　　通过前文的分析我们可以发现，中小学布局调整政策的实施过程存在国家层面教育政策到地方落实过程中出现偏差的问题，没有做到政策精神从上到下的一以贯之。这也是许多教育政策实施过程中所遇到的主要问题。但是同时我们也要知道，并不是所有的教育政策只要解决好执行问题，就能保证实现政策目标，其中还存在教育政策本身的合理性与合法性问题。总的来看，一项教育政策能否成功在于它与教育政策出台的合理性基础——法、地方有效执行——管理之间能否协调。基于此，本书提出教育政策行动一体化的政策过程体系，使法、政策和管理三者协调统一，同时提出中小学布局调整政策实施的具体建议。

第一节　建构教育政策行动一体化体系

一、政策行动一体化的内涵

根据各种英文词典,一体化"Integration"一词来源于拉丁文"Integratio",其原意为"更新""修复"的意思。在经济学领域,一体化最初指厂商通过协定、卡特尔、康采恩、托拉斯及兼并等方式联合而成的工业、产业组织,通常指企业的合并,它又分为水平一体化和垂直一体化。前者指竞争者之间的合并,后者指供需双方的结合。[①] 近年来,"一体化"被广泛运用于经济学和社会学研究诸领域,如"城乡一体化""经济一体化"等。在此将"一体化"一词运用于政策过程之中。本书的政策行动一体化主要是指教育政策的制定和执行过程的行为一体化,囊括了整个教育政策制定和执行的全过程,是一个全环节的过程,需要统管全局,全面把握,使前后协调一致。具体来说,教育政策行动一体化包括以下三层含义。

(一)宏观层面:教育法、教育政策和地方管理的一体化

教育法是教育政策的基础,政策必须服从法(即宪法和法律),[②]教育政策的制定与执行不能违背教育相关法律的基本精神,并且需要遵循严密的法律程序。一般来说,法律是政策的高级形式,只有经得起实践检验并且一直能发挥解决实际问题作用的政策才能上升为法律。所以教育政策不能违背教育法律,要与其保持一致。另外,教育政策的地方执行过程也是地方对教育实施行政管理的过程,因为"行政作为公共政策的执行,实际上是体现在公共行政的日常管理中的,行政在某种意义上就是由政府及其工作人员所承载的管理活动,把行政与管理联系在一起,已经成了这个学科的自然约定。"[③]由此可见,教育法、教育政策和地方管理三方面,囊括了教育政策出台的合法性,教育政策传达的保真性与教育政策地方执行的适切性,这三者是一脉相承的统一体,需要有机结合,这样才能避免教育政策对教育法的僭越,从而避免教育政策的出台流于随意性,确保其合法性。

---

① 马博.中国沿边地区区域经济一体化研究[D].北京:中央民族大学博士学位论文,2011:32.
② 范文舟.走向政策与法的关系研究之形而下——论政策与法和谐相处的机制建设[J].西安电子科技大学学报(社会科学版),2009(6):106—113.
③ 张康之.公共政策过程中科学与价值的统合[J].江苏社会科学,2001(6):59—60.

同时,又可以避免"上有政策,下有对策"的地方变相执行政策问题,这样才能促进教育政策的合法有效的实施。另外,我们通过前文对并校问题进行的层递式归因分析也可以发现,中小学布局调整政策执行能否实现政策目标的核心问题,也就是教育法、教育政策和地方管理如何协调统一的问题。

(二)中观层面:教育政策制定、教育政策执行和教育政策环境的一体化

教育政策的制定、教育政策执行与教育政策环境三者关系密切,相互制约与影响。"公共政策是随着社会的发展由环境的需要而产生的。"[①]所以,教育政策制定源于教育政策环境,教育政策执行又受限于教育政策制定得科学与否和教育政策环境的支持与否,这三者之间关系是否协调一致达到一体化,直接影响政策的最终成败。因此,要努力实现教育政策制定、教育政策执行与教育政策环境的一体化。这三者的一体化主要体现在两个方面:一方面,教育政策源自现实教育问题,并指向解决现实中的教育问题,对现实中教育问题的理解与把握程度直接影响政策本身的完善程度。因此,教育政策的制定和执行与现实问题紧密相连。同时还要注意,所有现实的问题都有一定的历史渊源,政策也同样如此,要做到每项新出台的政策与其历史原型紧密结合起来,增进对现实教育问题与相应教育政策的把握,使教育政策制定建立在对教育政策环境充分认识的基础上,并且在教育政策制定过程中将政策执行主体的执行能力、偏好等特点加以充分考虑,进而对政策文本进行相应的细化,并在政策文本中对政策执行主体加以不同程度的规制。这样可以避免像中小学布局调整政策那样,由于政策制定者对地方政策执行主体能力认识不准,缺乏对政策一定程度的细化,从而造成政策执行者不能真正做到因地制宜地去实施中小学布局调整政策。另一方面,在教育政策具体实施过程中,教育政策执行者要充分了解所执行的教育政策本身和相应的政策环境。良好的政策执行就是政策执行者在政策本身与地方政策环境之间搭建起一个"桥梁",并且在两者之间进行调节,使其达到相互适切。

(三)微观层面:教育政策精神与教育政策执行主体的一体化

教育政策的内在精神与教育政策执行主体的一体化,主要是指政策精神与政策执行者融为一体。这就要求教育政策的制定要充分考虑教育政策执行者的特点、水平和素养等现实情况,因为教育政策执行主体分为不同的层级,不同个体的执行能力差别很大,尤其是最基础的教育政策执行者。他们对政策理解能力有差别,如果教育政策制定者不考虑政策执行者的现实情况,那么所制定出的教育政策很容易被基层的政策执行者曲解。

---

① 陈振明.教育政策分析[M].北京:中国人民大学出版社,2002:43.

所以,只有在对政策执行者认真研究的基础上形成详略得当的政策文本,这样才能提升政策执行者对政策精神的把握程度。这是制定有效教育政策的基础。因为无论制定出多么好的教育政策,如果没有政策执行者对政策精神的有效把握,就不会有不同层级政策执行者的有效执行,进而达到教育政策的预期目标。同时,教育政策执行者也要加强对教育政策本身价值取向的理解与认识,因为不同层级的教育政策所面对的政策执行者是复杂多样的,尤其是国家层面的教育政策制定是面向全国范围内不同层级和不同地区的教育政策执行者,即使认真研究政策执行者的特点,也不可能让每一个政策执行者都能充分理解和把握教育政策的内在精神,不可避免地产生教育政策执行者对教育政策理解不透而导致的政策执行偏差问题。这就需要不同层级行政部门明确,教育政策实施过程中对教育政策自上而下所传达的不仅仅是单纯的政策文本,更为重要的是政策文本所蕴含的内在精神,目的在于避免不同层级的政策执行者按照自己对政策文本的主观理解,偏离政策精神指向而任意执行政策,进而避免在教育政策执行过程中出现"好心做坏事"等问题。

正如西南大学张诗亚教授 2010 年 10 月在由教育部人文社会科学重点研究基地西北师范大学西北少数民族教育发展研究中心主办的"民族教育政策研究"学术研讨会上所指出的,要使政策不因领导的主观意志而转移,要形成前后连贯的逻辑体系,同时他认为政策绝不仅仅是贯彻和执行,更重要的是要成为人行动的基本理路。[①] 如同"政策分析家们在各个阶段上所关注的,是官僚们如何把政策同化到组织或个人目标上的问题。同时还主张,同化的程度取决于行政等级的数量、组织规模、复杂性、正式化的程度。"[②]"教育组织的效应就是以一个人的成长为衡量,简单地说,把一个人放在一个岗位上,不是让他当好这个岗位上的工具,而是让他在这个岗位中自己成长。我们的一切改革在让人做好一些事情的时候,一定要考虑做这件事对这个人有什么意义。"[③]教育政策实施过程同样如此,不仅仅是教育政策的简单实施和政策目标的达成,在整个政策过程中要拓展教育政策价值,增强其对教育政策执行者和政策对象的影响和教育意义。

总之,教育政策行动一体化的目的是实现教育政策的制定和执行紧密、有机地联系在一起,加强教育政策制定者与执行者之间的有效交流与协作,使同样的教育政策精神和价值取向贯彻于教育政策制定与执行的全过程,避免教育政策"制定是制定,执行是执行",各行其是的问题出现。

---

① 张善鑫.民族教育政策:回顾与展望——"民族教育政策研究"学术研讨会综述[J].当代教育与文化,2010(6):111—112.

② [韩]吴锡泓,金融杆.政策学的主要理论[M].金东日,译.上海:复旦大学出版社,2005:389.

③ 丁钢.聆听思想[M].上海:华东师范大学出版社,2012:181.

二、政策行动一体化遵循的原则

原则不是研究的出发点，而是它的最终结果；原则不是被应用于自然界和人类历史，而是从它们中抽象出来的；不是自然界和人类去适应原则，而是原则只有在符合自然界和历史的情况下才是正确的。[①] 为了实现教育政策行动一体化，需要遵循以下三个原则，其中因地制宜原则是基础，互动性原则是动力，协调一致原则是目的，三者有机结合，缺一不可。

(一)互动性原则

互动性原则是反馈矫正理论在教育政策过程中的实践运用。信息论认为，信息在传递过程中只有不断地反馈与矫正，才能保证信息的有效性。教育政策制定者要想不断提升和实现教育政策本身的科学性与合理性，就需要在政策过程持续的信息反馈中不断去总结经验，不断去完善。因为没有一项教育政策一开始就是完美无缺的，即使是非常合理的教育政策，随着政策环境的不断改变，依然会出现教育政策本身与教育政策目标群体之间不够契合的问题。所以，教育政策本身与教育政策对象在整个政策过程中要始终保持互动，根据环境的变化来调整政策本身。教育政策源于现实问题，指向解决现实问题，对现实问题的理解和把握程度，将直接影响教育政策本身的细化与完善程度。所以，教育政策制定者应通过教育政策执行的实践过程，不断发现政策出现的新问题，然后不断地进行反馈，进而调整教育政策本身，使其不断完善。同时，保持教育政策与教育政策环境之间平等、平和的关系，其目的是寻找两者之间的契合点，使现实中的教育问题得到解决，实现教育政策的预期目标。

(二)因地制宜原则

因地制宜原则是指由于国家层面的政策比较宏观，地方行政部门在执行国家层面的教育政策过程中，需要结合地方的政策环境因地制宜地去执行，要尊重传统文化和地方知识等。从国家政策制定到地方政策执行，这两个阶段的有效衔接，是当今教育政策实施过程中最重要的环节之一。"大型社会工程的失败是由于没有尊重农民的生存逻辑，忽略了农民的生存智慧，没有认识到农村地方性知识的重要性，这又归因于国家的霸权主义和极端现代主义的意识，也反映了国家对底层政治的傲慢。"[②]教育政策的实施过程面临着类似的问题。因此，对教育政策对象应该进行不同层次、不同视角的分类，对教育

---

① 马克思恩格斯选集(第3卷)[M].北京:人民出版社,1995:374.

② 黄岩.清晰化和简单化:隐蔽的治理工具——评人类学家詹姆斯·C.斯科特的《国家的视角》[J].青海民族研究,2008(2):170—172.

政策对象的分类表明对教育政策对象的深入理解,进而才能有效地把握教育政策对象。教育政策执行者对教育政策对象和政策环境的理解与把握程度,将直接影响教育政策本身制定的合理性与教育政策具体执行过程的有效性。教育政策执行者先对教育政策对象进行分类理解,然后重新归类,在"一分一统"的过程中有效把握教育政策对象,针对不同层次的教育政策进行不同层次的概括与细化,从而基于不同的教育政策环境,对不同类型的教育政策对象实施不同权限的教育政策。教育政策对象是多元的,针对不同类型的教育政策对象实施不同的政策执行策略,其目的是实现教育政策的预期目标。

(三)协调一致原则

协调一致原则是指整个教育政策形成与实施过程中,各个要素和各个环节的协调一致,具体包括教育政策精神前后的协调一致,教育政策执行者、教育政策目标群体与教育政策精神的协调一致。教育政策的实施过程受到多种因素的影响,并且每个影响因素之间都存在不同程度的内在关联性。这些影响因素只有做到充分的协调一致,将教育政策本身的价值取向系统地贯穿于教育政策过程的每个阶段,才能提升教育政策实施的有效性。需要注意的是,所有现实问题都有一定的历史渊源,教育政策问题同样如此,教育政策制定者要将每项新出台的教育政策与其历史原型紧密结合起来,做到彼此的协调一致。同时,教育政策的执行者要充分理解教育政策本身的内在精神与价值取向,并使教育政策的目标群体在参与教育政策制定与执行的互动过程中,不断增进对教育政策内在精神的认识与理解,使教育政策执行者与政策目标群体之间的目标协调一致,削减彼此之间的矛盾,进而提高教育政策的实施效果。

三、政策行动一体化的保障措施

构建教育政策行动一体化体系需要采取的具体措施主要包括以下三个方面:教育政策过程的多元参与是前提,加强教育政策的程序化是保证,建立教育政策实施经验交流平台是促使教育政策有效执行的手段。

(一)实施教育政策过程的多元参与

政策过程的多元参与是指整个政策过程(包括政策的制定、执行、评价、调整、终结等)之中各个相关群体的不同程度的全程参与,尤其是政策目标群体和各种利益相关群体。政策的合理性实现不仅需要主管部门理性周密地思考,而且需要来自实践和基层的特殊经验。在民族地区,人民的利益诉求需要表达时,他们习惯上更多的是通找寻本民族在各级政府中有一定职务和影响的人物来帮忙解决问题,以求增加利益表达的有效性。民族地区人民往往对本民族领导干部很熟悉,不论是乡级干部、县级干部,还是州级干部,他们都烂熟于心,尤其对身居要职的领导干部更是知之甚详。每当与他们谈起这些事情的时候,他们言谈中那种民族自豪感与亲切感常常溢于言表,对那些出自本寨子的领导干部表现得更为亲切和信赖。县域内不同民族领导干部的合理构成对当地各族人民意义重大。而现阶段,M县行政部门各民族领导干部所占比重并不平衡。全县在职在编干部共计 5597 人,其中少数民族干部 3540 人,占干部总数的 63.3%。其中,哈尼族最多,占 30%,布朗族最少,只占 7.4%,另外,傣族占 27%,拉祜族占 20%。全县总共有县(处)级干部 33 人,其中汉族最多,有 11 人,其次是傣族有 10 人,哈尼族有 4 人,拉祜族有 3 人,布朗族有 2 人,其他民族有 3 人;有乡(科)级干部 221 人,布朗族占其中的 6.24%。①

M县人大副主任 YKZ 曾表示,尽管自己过不了几年就到退休年龄了,但是他已经向县委提出了请求,如果县委不对布朗族干部的选拔有所考虑,那么他将不会就此离开他现任的工作岗位,因为他知道在县政府部门有一个类似他这样职位的布朗族干部对布朗族同胞生存与发展的作用与意义。笔者在对哈尼族一些领导干部访谈时也体会到他们对本民族领导干部的关注与重视。许多哈尼族同胞经常兴奋地说:"我们哈尼族爱学习,从政的最多,像我们教育局里的领导干部属哈尼族最多。"②可见,不同民族的精英分子对本民族缺少一定数量和层次的代言人已经产生了高度重视,对本民族的政治利益和发展前景表现了充分的关注。在教育政策研究的多维画卷中,在追求教育公平的进程中,任何排除执行目标群体利益的单向度思考,任何排除民意表达机制和制度的教育政策,都无法清晰呈现教育政策执行的机理与逻辑。③ 尤其是对于民族地区来说,民族群众的利益表达更为重要,民族地区独特的环境所孕育的民族文化造就了他们独特的思维方式以及独特的教育观念。他们在政策实施中缺乏参与,必将带来政策实施的阻滞与偏差。

因此,在政策实施过程中应尽可能做到教育政策相关群体的有效参与。第一,在教育政策的具体制定过程中,教育政策的制定者应以政策文本形式,明确规定在教育政策地方实施过程中参与政策实施过程具体群体的人员构成、数量和各自所占的比例,并且明确各参与人员在教育政策过程中的参与权限,从而确保相关群体的合法参与。第二,在日常社会活动中,教育政策执行者应通过宣传教育等形式,激发人们关注社会教育公共事务的热情,加强对广大人民进行权利和义务等方面的教育,提升他们的权利意识和参与意识,"使政治参与制度在其心目中内化为个人自觉意识与行为"④。在学校教育中,教师要加强对不同层级和类别学生法律知识的有效传授,提升他们的民主意识和维权意识,培养我国未来社会的合格公民,全面提高公民参与教育政策过程的主动性。第三,在

①　张晓琼.变迁与发展——现代社会背景下的云南布朗山布朗族社会研究[D].北京:中央民族大学博士学位论文,2003:57.
②　M县教育工作人员访谈记录,2013 年 10 月 14 日。
③　邓旭.教育政策执行研究:一种制度分析的范式[M].北京:教育科学出版社,2010:113.
④　张百顺.文化视角下农民政治参与制度化的路径[J].教育评论,2012(3):21-23.

权利救济方面,相关部门要完善公民在教育政策过程中参与权利的维权机制,疏通公民的权利申诉渠道,使公民在参与权受剥夺或参与权落实不到位时,可以进行有效的权利救济,从而保证公民参与教育政策过程的有效性。

(二)加强教育政策的程序化

政策的程序化是指在整个政策过程中,按照合理和合法的程序,一步一步地有序推进。政策过程是一个全环节的严密完整过程,需要通过对不同具体政策的研究、总结,不断完善政策过程的程序,使其达到政策出台及执行的合法化与合理化,这样可以提高政策与政策对象之间的契合度。在现阶段,我国的教育政策过程还不够系统、严密和科学,严重影响了教育政策的整体效果。就中小学布局调整政策来说,在对地方学校的调查过程中,也发现许多校长、教师认为布局调整政策总是变来变去,这都可以体现出该政策的科学性、合理性不够,这就直接影响了政策的效果。而其他国家这方面就有许多值得我们借鉴的地方。例如澳大利亚教育政策过程就有严密的操作程序,并且上升到了法律层面,"澳大利亚首都地区教育法第 20 条规定,教育部门欲关闭或合并任何一所公立学校之前,须对学校进行深入评估,并开展不少于 6 个月的民主协商讨论,听取并收集民众的意见和看法,综合考虑后修订初步方案,制订具有长远意义的布局调整计划。"①

因此,必须加强教育政策过程的程序化建设。第一,在教育政策具体制定阶段,教育政策制定者要明确教育政策决策参与人员的构成和所占比例,以及政策所应论证的次数和持续的时间等,同时要增加教育政策的审批程序和提升教育政策出台的审批层次,并以法律的形式加以规制,避免教育政策出台的随意性。第二,在教育政策执行阶段,相关部门应建立教育政策地方执行中具体实施策略和方案的审查机制,确保教育政策地方实施的具体策略和方案与政策环境相适应,同时要规制地方教育行政部门的教育政策执行权限,避免教育政策在地方实施的简约性。第三,在教育政策监督方面,教育行政部门应定期对政策实施情况进行全面检查或抽查,认真将检查结果与教育政策具体实施规划相比照,对偏离政策目标的政策要及时调整,如果调整无效就要及时终结这项政策,避免造成更多的政策问题和教育问题的出现。

(三)建立教育政策实施经验交流平台

这里的教育政策交流主要指两个方面:一是纵向交流,这也是最基本的交流,主要指教育政策的制定者和各级教育政策执行者之间的交流,避免政策实施过程中政策目标传达的失真与偏离;二是横向交流,包括相同教育政策环境下不同教育政策执行者之间的交流,和不同教育政策环境下不同教育政策执行者之间的交流。交流的目的在于避免同

---

①　王建梁,陈瑶.澳大利亚首都地区学校布局调整研究[J].中国教育学刊.2012(3):17—20.

样的政策执行错误在同样的政策环境下重复发生。在我国教育政策运行过程中,政策资源信息的大范围共享程度是影响教育政策效果的一个重要因素。国家层面制定的教育政策在地方层面的具体实施,需要地方相关行政部门的负责人根据地方的实际情况,对国家层面的教育政策进行细化和再制定。尽管这些工作人员对地方的实际情况很了解,但是教育政策执行本身就是一个极其复杂的过程,所遇到的影响因素层出不穷。例如,在美国,学校领导试图确定一项新政策是否适合自己所处的环境时,他们需要寻求多方面的帮助。在教育资源信息中心可以找到许多文章和报告,论述一项政策已经在哪些地方实施,情形如何。州教育厅和其他专业组织也会有有用的信息。参观那些已经实施一项政策的学区和学校,如果情况与自己所在的学区或学校相似,收获会特别大。通过以上多方面的帮助,学校领导应能够确定一项新政策是否适合自己所处的环境。[①] 因此,在教育政策执行过程中,不同地区的国家教育政策执行者之间需要及时有效的沟通,这就需要为他们构建一个有效的交流平台,使不同地区遇到的特殊问题和有效的解决途径能够共享,从而提升教育政策的实施效果。同时,可以使国家层面的教育政策制定者与教育政策的地方执行者有效地交流与沟通,加深地方政策执行者对国家教育政策的理解和认识,进而有利于提升教育政策的执行效果。

建立教育政策实施经验交流平台的具体措施包括以下几个方面:第一,建立教育政策信息资源共享协会。根据教育政策的具体实施情况,定期或不定期将教育政策的制定者和不同地区、不同层级的教育政策执行者聚集在一起,进行信息和经验的沟通与交流。在美国,全美州际教育协会是美国最重要的教育政策协会,它的宗旨是促进各州教育政策制定者和教育领导者之间的信息、观点和经验的交流,以改进公立教育。[②] 第二,建立教育政策信息交流的网络平台。网络信息技术的迅速发展为教育政策网络信息交流平台的建立提供了技术支持。教育行政部门可以通过 QQ 群等网络平台将各地教育政策的制定者和执行者聚集在一起,这样教育政策执行者可以随时将教育政策实施过程中遇到的问题发布到网络平台上进行交流。第三,实施问责制。同样的政策问题在不同地区重复出现,则追究相关人员的责任,从而促使地方教育行政官员认真关注教育政策信息交流平台的信息,并主动参与信息互动,吸取不同地区教育政策实施的经验和教训,有效发挥交流平台的作用。

总之,教育政策行动一体化体系是为解决普遍存在的教育政策实施偏差等问题而构建的,其目的在于提高教育政策的有效性,更好地促进我国学校教育的发展。教育政策行动一体化体系需要理论与实践的检验和不断完善。

① [美]福勒.教育政策学导论[M].许庆豫,译.南京:江苏教育出版社,2007:257.
② [美]福勒.教育政策学导论[M].许庆豫,译.南京:江苏教育出版社,2007:143.

第二节　民族地区学校布局调整的域外借鉴

国外也存在许多民族地区,许多偏远的人口稀少地区,那么国外的偏远落后地区、少数民族地区是如何践行中小学布局调整? 出台了哪些特殊的政策? 政策的依据是什么? 他们的政策价值取向是什么? 尤其一些发达国家,他们基础教育发展的比较早,那么这些国家的学校布局历史经历对我国民族地区学校布局有何启示值得探究。

一、以历史为戒:俄罗斯的学校布局调整政策加剧北方少数民族文化的消失

俄罗斯政府为了实现提高北方少数民族文化素质的美好愿望,为他们开办了各种学校,其中为了解决少数民族居住分散的问题,建立了大量寄宿制学校,这也一直是北方少数民族地区最主要的学校教育形式,后来逐渐成了北方学校教育的唯一办学模式。早在20 世纪 20 年代,寄宿学校就已经在西伯利亚北方地区开始出现。最初寄宿制学校的出现是为了解决游牧民子女因离学校距离远而上学难的问题,通常在较大的居民点建校舍,北方少数民族儿童可以免费在那里居住和学习,除假期外,一年中至少有 9 个月在学校度过。20 世纪 60 年代,大多数少数民族已经定居,寄宿制教育体制不但没有减少,反而不断强化,后来逐渐把寄宿制扩展到了幼儿园和托儿所,从儿童入学就脱离家庭,要经过 8～10 年的学校寄宿生活,平时只有星期日孩子才能和家人团聚,这也仅仅是离学校较近的孩子才能享受每周一次与家人团聚的幸福。[①]

1.寄宿制学校教育导致民族特征的逐渐消失

在俄罗斯,政府为了减轻家庭的负担,把北方少数民族儿童从小就交给国家抚养和教育。儿童在寄宿制学校要接受 8～10 年的教育,这一措施曾对提高游牧民子女入学率发挥了重要作用,它的初衷和愿望是良好的,但却给北方少数民族文化传承带来了致命的打击。民族文化产生于特定的环境,所以它的传承与保护也需要在其特定的环境下开展。而寄宿制学校一般设在城镇或大型村落里,学校往往都是由两个以上民族混合在一起学习和生活。寄宿制学校里的少数民族儿童,远离了自己的家庭和传统的生活方式,

---

① 　袁春艳.人口较少民族教育发展研究——以蒙人为例[D].重庆:西南大学博士学位论文,2012.

与主流民族间的交往日益频繁。在寄宿制学校学习的少数民族儿童为了更好地与其他民族学生交流与沟通,逐渐不再说自己本民族的语言,对自己民族传统的技能和生活方式也渐渐陌生。在语言、文化认同方面逐渐被主流文化所同化,继而致使少数民族的民族特征逐渐消失。

2.寄宿制学校教育使民族文化的传承断代

俄罗斯北方的少数民族学生,由于长期在寄宿制学校环境下学习和生活,他们长大后普遍不愿从事他们民族传统的渔猎业和养鹿业等,从而使传统生产方式与生产技能及其孕育的文化逐渐走向了消亡。在寄宿制学校接受的教育是以主流文化为主的教育,是现代化理念的教育,与少数民族的文化传统相去甚远。于是这些学生便逐渐淡忘了自己的传统生活技能,甚至不感兴趣或是看不起传统的生产生活方式。他们在接受中、高等教育之后,不再愿意回到民族地区工作,而是转向城镇就业。例如,据统计,1970 年乌利奇人的 59.6% 在城镇的工业、建筑、运输和通讯等部门工作,占有劳动能力的那部分人的40.3%。[1] 一方面,少数民族学生选择在城市生活,在语言、服饰、风俗礼仪等方面都向俄罗斯主流文化靠近,并主动融入主流文化之中;另一方面,增加了城镇就业压力,在就业竞争中未能找到工作的少数民族学生回到家乡,因不会传统生产和生活技能而成了无业游民,出现了酗酒、打架、自杀等不良社会现象,影响社会的安全与稳定。基于此,少数民族世代相传的口头文学、音乐、舞蹈,以及他们独具特色的岩画、服饰、木雕和骨雕艺术,独一无二的桦树皮器皿都将走向灭绝的境地。[2] 无论是物质文化还是精神文化,其传承者已经越来越少,这些新生一代对传统技术与艺术逐渐一无所知,对民族语言、传统文化逐渐淡漠,这种文化传承的断层是无法弥补的。

3.寄宿制学校教育使家庭教育与社区教育失去功能并断绝代际传承

据调查,20 世纪 80 年代,"在俄罗斯北方民族地区已开设了 37 个保育院,11 个接收孤儿和失去父母抚养的儿童寄宿制学校。独身母亲的数量越来越多,在堪察加州已达 3400人,在马加丹州有 4700 人。"[3]在少数民族地区,由于从儿童时期就被寄宿在学校,实际上是把他们与家庭隔离,远离自己的父母和家庭,远离自己民族世代生活的社区,使许多世纪以来的传统技能与文化的传承被断绝,历史上形成的口耳相传的家庭教育和耳濡目染的社区教育失去了应有的功能,无法起到教育儿童的作用。从人的发展角度讲,儿童时期是形成健康人格的关键时期,需要有完整的来自家庭的关爱与教育。在儿童期就开始实施寄宿制教育,违背了人的发展规律,不利于人的健康发展。

---

① [俄]克里沃诺戈夫.思加纳桑人的现代民族文化过程[J].民族学评论,1999(1).
② [俄]马尔希宁.在民族文化相互作用中的北方民族[J].西伯利亚研究,1990(2).
③ [俄]马尔希宁.在民族文化相互作用中的北方民族[J].西伯利亚研究,1990(2).

二、以现实为鉴：薄弱学校的政策法规支持

（一）俄罗斯通过教育立法与政策保障少数民族文化

为了改变对北方少数民族实行的寄宿制和学习俄语的政策取向，俄罗斯的政府部门制定了《教育法》，着重强调尊重少数民族的文化而开展教育。因此，根据教育制度中可利用的资源，少数民族拥有以本民族的语言来接受基础教育的权利，使少数民族在本有的历史环境中有权利保护和发展自己的文化。实施教育应在没有歧视的情况下进行并为该目的积极采取措施，且应尊重民族的风俗与宗教信仰，培养文化认同意识和文化自强意识。同时应培养所居住国家的民族价值观，形成多元一体的国家文化意识。

为了弥补在苏联时期政府强迫北方少数民族学习俄语的政策失误，俄罗斯为其语言的学习实施了补救性政策。根据《欧洲区域性和少数人语言宪章》强调的跨文化主义和多元文化主义的价值理念，俄罗斯对此的解释报告称："维护区域性和少数人语言的一个关键因素是其语言在教育中所彰显的作用。"据此，俄罗斯通过在高校建立培训民族语言教师的部门，来解决少数民族语言保留与传承的问题。另外，1998 年俄罗斯教育部还制定了《改革学前教育、普通中学和人员培训制度思路》的原则框架，这是专门为北方少数民族而制定的，为了北方少数民族的教育而设立国家级的研究院，并由国家权力机关提供支持。① 但是，就北方少数民族语言的高等教育如果只限于教师培训，是不能解决整个少数民族的全部需求的，需要以更加灵活的方式实现多渠道的少数民族语言学习和应用。

（二）尊重多元文化的美国印第安学校教育发展新思路

随着社会的发展，印第安人逐渐拥有了自己办学的政策决策权，开始了新教育模式。1972 年，全国印第安人兄弟会正式提出一个里程碑式的教育主张，即"印第安人控制印第安人教育"，这个主张基于两个公认的教育原则，即父母的责任和地方控制。基于此，他们要求在学校课程的设置方面必须考虑到儿童对本民族文化环境的认知，以此作为他们学习外界知识的基础和凭借。自此，大量寄宿制学校在 20 世纪 70 年代关闭，1988 年政府颁布了多元文化主义法，在教育上推行多元文化教育理念，确保少数民族拥有自己的语言和文化。

随着多元文化主义的兴起，印第安人要求控制自己教育的呼声日益高涨，美国政府也对此做出了不少积极反应，印第安人对自己的教育获得了越来越多的自主权和控制权。正如黑水印第安人所说："我们满怀希望地认识到，作为一个民族，我们必须复兴我

---

① ［英］莎夏吉、廖敏文，译.俄罗斯联邦法律中的土著民族权利：以北方、西伯利亚和远东地区小民族为例[J].西南民族大学学报(人文社科版),2007(9):73-80.

们的印第安人之根。我们必须接受挑战,在所有印第安人社区创造一个井然有序、意义重大的学校体系。"①在1969年以前,仅有1所印第安人学校由印第安人自己来管理。随着印第安人的不断努力争取教育权,到1973年,已经有12所学校与印第安人事务局签订印第安人自主管理学校的协议,涉及印第安人学生达2299人。② 到1975年,美国已经有15所印第安人学校开始自主管理自己的学校,并组成了学校董事会。③ 由此可见,在政府颁布多元文化主义法的保障下,在教育上实施多元文化的教育理念,逐渐实现了印第安人学校办学的自主权,印第安人可以自己管理自己的学校,进而可以促进印第安民族文化的传承与保护,提高印第安学生对学校教育的适应以及个人未来发展的能力。

(三)偏远地区学校的法律支持

1.韩国:岛屿、偏远地区学校的法律支持

在韩国,由于20世纪60年代以后产业化的飞速发展、城市化进程的快速推进,城市人口集聚现象日益突出。1970年,韩国的城市化水平只有41.1%,1985年提高到73.8%,2000年则提高到86.3%,到2006年更是高达90.2%。面对农村人口稀少、学生生源急剧减少的现实问题,韩国政府便开始计划并实施小规模学校合并政策。该政策实施早,历时时间长。1982年就开始实施小规模学校合并政策,学校的合并基准由原来的180名学生减少到51~100名学生,到2005年该基准降低到60名,且必须保证在合并后每个"面"(韩国行政区划名称,相当于中国的"乡"或"镇")至少有1所学校。韩国教育部为保障那些不能受地理、经济、文化、社会惠泽的山区、孤岛、边境地区及矿山地区的学生的利益,于1967年专门出台了《岛屿、偏僻地教育振兴法》,并于1990年进行了修订,对岛屿和偏远地区学校教育给予许多特殊的优惠政策支持。在该法律的影响下,韩国在学校合并过程中,对岛屿和偏僻地区提供一定的照顾政策。例如,在岛屿、偏僻地区和居民反对呼声较高地区、学生人数有"回暖"可能地区,不得推进小规模学校合并政策。由此,确保了小规模学校的保留,使农村地区学生人数在100人以下的小学数占整个农村学校数的60%,④促进了小规模学校的健康发展。

韩国的《岛屿、偏僻地区教育振兴法》

为了振兴岛屿、偏僻地区的国民义务教育,韩国在1967年1月16日发布《岛屿、偏僻地区教育振兴法》,又于1990年2月27日加以修订,修订后的文本是:

---

① Robert Cooper and Jack Gregory .Can Community Control of Indian Education Work [J] . Journal of American Indian Education , 1976, (M ay).

② William J. Benham. ABrief Overview of A Changing Era [J] . Journal of American Indian Educatio n , 1974 . (October).

③ Ernest L.Boyer. Tribal Colleges : Shaping the Future of Native America [M] . The Carnegie Foundation for the Advancement of Teaching , 1989.

④ 崔东植,邬志辉.韩国农村小规模学校合并政策评析[J].教育发展研究,2010(10):58—63.

第一条　（目的）此法以振兴岛屿和偏僻地区的教育为目的。

第二条　（定义）此法中的岛屿和偏僻地区指的是地理上、经济上、文化上、社会上条件比较差的山区、海岛、矿山以及接近三八线的北部地区等教育部令规定的区域。

第三条　（国家的任务）国家为了振兴岛屿和偏僻地区的义务教育，要优先采取下列措施，优先提供必要的经费。

1.学校用地、教室、医务室以及其他必要的教育设施；

2.配备教材、教具；

3.免费提供教科书；

4.为学生上学应采取的必要措施；

5.为教师提供住宅；

6.配备教师。

第四条　（地方自治团体的任务）地方自治团体为振兴岛屿和偏僻地区的义务教育要采取下列措施。

1.配备适合岛屿、偏僻地区特殊情况的教学资料；

2.优先为教师提供研修机会并提供所需的经费。

第五条　（岛屿、偏僻地区津贴）政府根据总统令，根据地区差别给在岛屿、偏僻地区学校工作的教师支付岛屿、偏僻地区津贴。

2.日本的《偏僻地区教育振兴法》支持薄弱学校发展

日本最初创办小规模学校的原因是为了普及义务教育，因为这些小规模学校可以建立在每个社区里，可以满足学生就近入学，进而有利于提高学生的入学率。1886年，日本公布《小学校令》，为方便当时农村、山村和渔村的学生上学，可以设三年制的简易小学。这种学校发展很快，吸收了全国三分之二的儿童入学。1954年，日本又制定了《偏僻地区教育振兴法》，并采取一系列措施以振兴偏远地区的学校教育，包括对小规模学校发展的支持。1960年，尽管日本社会急剧发展，但偏僻地区却并未从中受惠，城乡差距反而有增无减。同时，由于人口外流，偏僻地区人口较过去更稀少，所以复式班级有增无减。偏僻地区相关人士以偏僻地区学校指定标准不符现实为由，要求重新修订划分标准。1972年又对《偏僻地区教育振兴法》作了大幅修改（如下表所示），[①]进一步加强了对偏远地区薄弱学校的支持与建设，不仅改进了这些薄弱学校的基础设施等基本办学条件，尤其加强了教师福利待遇的特殊支持，例如，偏远地区教师最高可以获得超过全国统一标准25％的津贴，对偏僻地区学校教师和家属发放"偏僻地区医疗、交通费"等等，这些法律条文的

---

① 吴晓蓉.日本偏僻地区教育优先发展经验研究——以《偏僻地区教育振兴法》为鉴[J].当代教育与文化,2009(9):100-104.

修改为偏远地区学校的发展提供了切实有效的支持。尽管日本小学数量从 20 世纪 70 年代到 80 年代中期呈现增加趋势,此后由于学龄人口的减少,学校数量开始减少,大量学校被关闭和合并,但日本政府仍不断增加教育投入,以促进小班化教学的开展,支持小规模学校的发展,提高教育质量。[1]

表 5-1　日本基于《偏僻地区教育振兴法》的具体措施[2]

1.发放偏僻地区教师津贴	按偏僻地区等级,对在当地工作的教师发放超过全国统一标准最大额度 25% 的津贴。另外,为在 2 级以上偏僻地区学校工作 1 年以上,且业绩好的教师发放"特别增加津贴"。
2.充实教职工福利、医疗保险(其待遇据都道府县情况和偏僻地区指定学校标准的不同而各异)	每年向偏僻地区发放医药品;对偏僻地区学校教师和家属发放"偏僻地区医疗、交通费";对偏僻地区教师配偶中 35 岁以上的妇女,实施免费"健康检查";在一定期间对偏僻地区工作的教师和配偶发放"旅行补助";修建教职工宿舍或给予补助。
3.保证偏僻地区教师的进修	因偏僻地区教育状况的特殊性,召开分校经营研究会、复式教学研究会、偏僻地区教育研究会和全国偏僻地区教育研究会时,从这些学校派遣教师;国家给 1/2 的培训经费补助,补助金额逐年提高;为弥补偏僻地区"有资格教师"不足问题而建临时教师培训机构。
4.改善教育和受教育环境	改善偏僻地区教育环境,如:补助购置电视接收器设施、设备费用;购入校车、校艇;设置偏僻地区集会室;修建学校浴室;补助供水设施、设备费用;配置教材、教具和学校供餐物资。
5.对偏僻地区儿童的对策	对在指定偏僻地区学校上学的儿童、学生,由政府负担其学费和住宿费;发放为这些孩子实施健康检查、咨询、进行学校卫生检查而派遣医师、牙科医师、药剂师等的经费补助;给学生寄宿设施、设备等费用补助;远距离儿童上学交通费补助。
6.改善学校条件	购置供水设施、设备费用补助;学校购置发电设施、设备补助。
7.学校供食、医疗对策	发放偏僻地区学校保健、管理费用补助(为实现偏僻地区学校定期健康检查、健康咨询派遣医生);儿童学校用餐费用补助(学校供应牛奶的设备补助);特级偏僻地区面包、牛奶供给补助;免费发放医疗药品等。

2001 年,国务院《关于基础教育改革与发展的决定》中提出,"因地制宜调整农村义务教育学校布局,在有需要又有条件的地方,举办寄宿制学校"。此后,随着撤点并校进程的不断推进,寄宿制学校在我国民族地区纷纷建立,数量急剧增加。我国少数民族多处

---

① 郭清扬,赵丹,范先佐.中小学布局调整与教学点建设研究[M].北京:人民教育出版社,2011:116.
② 吴晓蓉.日本偏僻地区教育优先发展经验研究——以《偏僻地区教育振兴法》为鉴[J].当代教育与文化,2009(9):100－104.

在边(边疆)、寒(寒冷)、山(山区)、旱(干旱)地区,居住分散,学校师资力量较弱,教学时间和质量根本无法得到保证,而寄宿制学校教师可以对学生的学习和生活进行全方位、全天候指导,学生之间也有更多机会交流学习。据此,寄宿制办学似乎是符合我国少数民族教育的实际情况。当然,我国寄宿制教育的目的不是为了同化少数民族,而是为了更好地发展少数民族教育,保护与传承少数民族文化,全面有效地提高少数民族的综合素质。因此,需要对俄罗斯和美洲民族教育政策新思路加以借鉴,即,政府教育政策的制定务必做到以人为本,时刻注意育人的本真目的;赋予少数民族学校更多的教育自治权,因地制宜地发展民族地区的学校教育;加强对民族地区薄弱学校的政策支持,促进学校教育的均衡发展。

第三节　民族地区实施中小学布局调整政策的具体措施

"如果不理解和考虑文化差别,属于不同文化背景的政策集团会无条件地认为对方的主张是不合理的。如果不了解隐藏在各不相同文化里的各种假定,在政策内容和政策执行上产生错误的可能性会很高。"[①]对于民族地区来说,这里的教育发展有其独特的文化背景,教育政策环境复杂多变,教育政策执行主体在政策执行中对这些文化背景的把握极其重要,需要政策执行主体因地制宜地去执行每一项教育政策,而不应该人云亦云地效仿其他地区的教育政策执行模式,因为这将直接决定教育政策执行效果的好坏,甚至是该项政策的成功与失败。就民族地区后续实施的中小学布局调整政策来说,主要应该注意以下几点。

一、增强政策主体观照民族文化的政策价值观

"政策价值观与价值观是一般与特殊的关系,政策价值观既具有一般价值观的内涵与特点,又具有自身的内在规定性。政策价值观指的是公共政策的价值取向模式。公共政策的价值取向就是对政策系统行为的选择,即对社会资源的提取和分配以及对行为管制的选择。"[②]从标准的角度来看,政策价值观意味着对一些特定情况的论断。一个典型个人或团体处在这些情况中持有某种价值准则。[③] 民族地区中小学布局调整政策应该把对民族文化的传承与保护贯穿于政策制定和执行的过程之中,并且作为首要考虑的因素。尊重文化多元是民族教育发展的永恒主题,是民族教育发展的合理内核。历史教训证明,不以民族文化为重的民族学校教育发展是不健康的,必将以失败告终。例如,美国和加拿大曾经不尊重印第安人的民族文化并采取了以寄宿制学校和唯英语教育的同化教育,最终均以失败告终。加拿大政府对此问题进行了深入的反思与检讨,并且于2008年6月1日,加拿大总理哈珀亲自向受到历史上旨在同化土著居民的寄宿制学校受害者表示正式道歉。[④] 由此可见,这种不尊重民族文化的同化性教育政策尽管已经实施了几

---

① 杨冠琼.公共政策学[M].北京:北京师范大学出版社,2009:249.
② 陈振明.教育政策分析[M].北京:中国人民大学出版社,2002:181.
③ 陈振明.教育政策分析[M].北京:中国人民大学出版社,2002:182.
④ 张越,常用才.加拿大总理史蒂夫·哈伯致寄宿制学校幸存者的道歉声明[C].共识(2012秋刊08)——创新边疆民族宗教治理完善民族区域自治制度,2013—03—01.

十年,但是最终还是不得不宣布失败,并逐渐转变为采取多元文化的教育政策实施为取向,从而促进了少数民族学校教育的发展。

要想增强教育政策主体观照民族文化的政策价值观,主要应从以下几个方面着手:首先,在地方教育行政人员的任用上,应当注重不同民族成分成员的合理比例。因为每一个民族都有其悠久的历史以及长期形成的民族特质,对民族文化的认识与理解的精通者莫过于本民族人,只有每个民族都有代表,才能起到民族意愿合理表达的作用。每个民族的代表也可以第一时间去感受和体验政策的合理性,及时消解政策与民族文化之间可能发生的磨合与冲突,所以要保证不同民族民众的参政比例,有计划地吸纳不同民族的优秀人才进入教育行政部门工作,有计划地培养和引导不同民族人才担任不同教育部门的领导,使得每个民族在教育政策实施过程中都有一定的话语权,从而有效地维护每个民族的教育权益。其次,要加强不同民族教育行政人员之间的交流与理解,在日常工作中,主管领导要有意识地提供不同民族教育行政人员的合作机会,例如可以对不同部门人员的民族构成、专项任务的不同民族人员的结构加以规划,使他们在工作中增进对彼此所承载的民族文化的理解与认识。另外,主管部门也要为教育行政人员提供定期或不定期深入不同民族群众中开展工作的机会,使他们多与少数民族群众接触与交流,从而提升他们对不同民族文化传统的理解与认识,使他们在教育政策执行中一视同仁,形成正确的民族文化价值观。再次,对地方教育行政人员进行有针对性的定期或不定期的培训。培训是提高教育行政人员执行能力的有效手段,可以将地方教育行政人员派到高校学习,或者将外面的专家请进来,并且注重对培训有效性的检验,切莫走过场,从而增强他们对教育管理与教育政策知识的掌握,提升他们因地制宜地执行上级教育政策的理论水平,逐渐使他们做到科学地观照教育政策执行中的民族文化因素。最后,在制度层面上要将观照民族文化变成民族地方政策制定与执行过程中的首要考虑因素,例如,可以在政策文本表述上明确教育政策主体观照民族文化的要求,并且教育政策主体在政策实施过程中要不断总结不同教育政策类型所要考虑的具体民族文化因素、注意事项及重视程度,并且可以形成经验性文本材料,作为以后地方教育政策执行的重要参考资料。

二、采取文化安全至上的政策实施原则

民族地区有着独特而悠久的民族文化,由于地处边境,有许多少数民族跨境而居。虽然这些同一民族同胞身居异国,但是依然保持着相似的生活方式和精神信仰,传承同源的民族文化。本国民族文化的式微,必将带来他国民族文化,在这一过程中不可避免地会带来一些国家文化安全的隐患。

历史上,我国境内的傣族与泰国的泰族、老挝的老族、缅甸的掸族、越南的沙族,虽然由于各种原因跨境而居,行政区划上分属不同国家,但是他们拥有同样的语言、同样的文

字、同样的生活习俗和同样的宗教信仰。边民互市、交往和通婚从未断绝,因而彼此之间的联系与交往十分密切。受国内不同时期社会发展的影响,他们通过人员的流出与流进保持文化需求的平衡。例如在"文革"期间,受国家宗教政策的影响,M县信仰小乘佛教的僧人中不愿还俗者大多迁往泰国、缅甸和老挝这几个国家。20世纪80年代,国家宗教政策恢复后,随着当地大量缅寺的重建,国内僧人住持不足,当地傣族群众便去国外聘请。据1981年的统计,当时整个西双版纳州共有比丘36人,其中35人来自缅甸。1982年,比丘人数增至44人,其中缅籍比丘13人。来自缅甸的僧人传统文化礼仪保持完好,所以更为当地傣族群众所敬仰。另外,佛学签证申请相对比较容易,西双版纳州的小和尚们多以能到泰国进修为荣。据不完全统计,2005年公派到斯里兰卡留学的小和尚有4人,去泰国的有10人,去缅甸的有5人,此外,还有不少学僧自费去泰国、缅甸等国学习巴利语、阿毗达磨等高级佛学课程。[①] 尽管这些活动给国内外文化交流带来了一定的繁荣,但是也对当地文化安全问题造成重要的影响。

当下,西双版纳州所属的M县,在中小学布局调整政策实施过程中,中小学大量集中,寨子和学校的距离变远,致使大部分和尚生由于上学路途太远没办法天天走读,只能住校。按照缅寺里传统作息时间的安排,小和尚每天晚上都是需要在缅寺里念经的,学生统一住校后就打破了这些和尚生原来每天住在缅寺并且跟随佛爷学习的传统习惯,严重影响了寺庙教育的基本运转,无法满足和尚生对传统缅寺教育知识的学习需求。这进一步导致和尚生向国外流动的热情,影响我国的文化安全和边疆的和谐与稳定。"在全球化和现代化的进程中看到,为了维护文化安全,弘扬和保护民族传统文化,倡导文化多样性,增强对本民族传统文化的认同感、归属感,促进文化资源和文化生态环境保护,增强民族传统文化自豪感,已成为世界许多国家的共识。"[②]因此,在后续中小学布局调整政策实施过程中,不仅仅要考虑经济效益和管理方便与否等问题,更应充分观照文化安全问题,尤其对于边疆少数民族地区,应该将其作为影响教育政策实施的首要因素来加以考虑。另外,对于民族地区尤其是边疆民族地区,在实施其他教育政策时也要时刻考虑文化安全的问题,并且将其作为教育政策在民族地区实施效果的一个重要评价标准,提升教育政策执行主体对文化安全的重视程度,切实坚守文化安全至上的教育政策实施原则。

三、提升小规模学校发展的政策保障水平

"每个人类社会都教育它的儿童,它未来的新成员。教育表达的可能是我们最深切的希望:在时间中继续、延续、持续下去。它是一个为社会生存而制定的计划,因此,它总

---

① 刘晓巍.奘寺学童现象及其教育法规因应研究[D].重庆:西南大学博士学位论文,2011:178.
② 张其学.民族传统文化与文化安全[J].广东社会科学,2009(4):46—51.

是与它所设计的社会相联系……学校填补了家庭与社会之间的中间地带,同时也填补了幼年向成年过渡的中间时期。"①学校教育的意义之重大不言而喻。从民族地区教育长远发展的角度看,加强民族地区小规模学校建设是提高民族地区人力资源综合竞争力的有效措施。改革时期中央政府对少数民族区域的经济支援,只停留在扶贫援助和生活救济等临时短期措施阶段,疏忽了通过民族地区产业化,来开发根本性的生产力与发展潜在力②。而民族地区人才的培养是促进民族地区产业化发展的重要途径。民族地区与非民族地区教育的差距一直存在。我国现阶段的学校教育主要属于"跟随式"的发展模式。一方面是,农村基础教育发展向城市基础教育发展看齐,城市教育发展的今天将是现在农村教育发展的明天;另一方面是,民族地区基础教育发展向农村基础教育发展看齐,这里的农村主要指汉族占绝大多数的主流社会的农村地区。这样,民族地区的教育将会始终落后于主流社会教育的发展,不利于民族地区基础教育的跨越式发展,进而不利于实现我国基础教育的均衡发展。民族地区教育只有通过优先发展,才有利于实现全国范围内基础教育均衡发展的目标。优先发展民族地区的教育一直受到国家的高度重视,在不同时期给予民族地区教育不同程度的优惠政策就是体现。但是民族地区基础教育发展相对来说依然很滞后,考虑到不同民族悠久的民族文化传统,似乎难度更大。现阶段民族地区基础教育的发展过程中,人们往往把民族文化看成是影响民族地区教育质量提高的重要障碍,致使少数民族的许多优秀的文化传统并没有得到合理、有效的利用与发展。在美国教育家杜威看来,"学校教育只是许多教育机构之一,在某些方面,充其量不过是一个比较次要的教育力量。"③这就说明对学生的教育不能仅仅局限在学校教育之中,要扩大教育资源。对于农村地区来说,要将学校与社区有效地结合起来,丰富学生的教育途径和教育资源,尤其是对于民族地区学生来说更为重要。尽管民族地区学校师资、办学设施的软硬件条件远落后于主流地区学校,但是民族地区村寨中蕴藏着重要的文化资源与财富,是学生成长的重要文化养料,是提高民族地区学生综合竞争力的重要文化资本。"如果文化极贫,个体就遭殃了;如果文化极富,个体则有幸不错失良机。每一个男女的每一种个人兴趣都是由他所处的文明的丰厚的传统积淀所培养的。"④因此,应转变对民族文化传统的看法,正确认识民族文化对教育发展的有利作用,加强对民族特有家庭文化资本的有效利用。这一教育思路的实现需要学校与社区保持紧密联系,这就需要坚持将学校办在农村社区,保持散落的农村村寨中小规模学校的发展。

从民族教育发展的战略定位而言,加强民族地区小规模学校建设,有利于调整传统民族教育发展中的追赶汉族战略导向,努力创造条件,加快民族地区自身"造血"功能,实

① [美]沃尔泽.正义诸领域:为多元文化与平等一辩[M].褚松燕,译.南京:译林出版社,2002:263.
② [韩美]朴炳光.中国少数民族政策:摆荡于同化和融合之间[J].全球政治评论,2013(41):25-44.
③ 赵祥麟,王承绪.杜威教育论著选[M].上海:华东师范大学出版社,1981:341.
④ [美]本尼迪克特.文化模式[M].王炜,译.北京:三联书店,1988:231.

现民族教育的跨越式发展。小班化教学是提高教学质量的有效举措,加强小规模学校建设,配备优秀的教师并不断促进教师的成长。教师是教育事业的人力资源[①],"教师发展是学校发展的关键,是学生发展的前提,因为教师素质的高低决定着学校办学质量,低素质的教师很难培养出具有高素质的学生。"[②]教学点教师素质相对低下的现实需要引起国家的重视,进一步采取优惠的教育政策吸引优秀的教师进入偏远的村寨教学点,这是提升民族地区教育质量的一个有效办法。"撤点并校"工作的暂停,在赵坚(全国优秀教师,昆明市五华区教育科学研究中心校长、主任)的意料之中。他认为,云南省教育的发展要一手抓增量,一手抓质量,而抓好软件建设才是促进教育发展的关键所在。盖新的教学楼,让孩子搬家,不如培养一些好校长、好老师,给予他们充分的保障,让他们带出一所所好学校、一批批好学生来。[③] 这样,民族地区的基础教育自然就会得到提高。所以,应该明确民族地区教育发展滞后的根源是教师素质的相对落后,而不是学校办学规模的狭小,尽管扩大学校的办学规模可以改善教师的来源,但并不是改善教师素质的有效措施。因此,现阶段应该支持小规模学校的发展,加强小规模学校优秀教师的吸收与配备。近年来,国家出台了一系列促进薄弱地区乡村教师发展的倾斜性政策,譬如特岗计划、农村硕师计划、三支一扶计划和免费师范生计划等。这些政策对改善乡村教师队伍结构和提高乡村教师队伍质量起到了很大的作用。但是,乡村教师队伍的整体状况依然令人担忧,教师年龄老化、知识退化、方法旧化现象非常严重,优秀人才不愿去、一般人才进不去、不合格教师退不出等问题非常突出。让优秀人才进得去、留得住、教得好,造福于乡村教育应该是国家和人民的共同愿景。[④] 为此,2013 年的政府工作报告中指出:"国家财政性教育经费支出五年累计 7.79 万亿元,年均增长 21.58%,2012 年占国内生产总值比例达到 4%。教育资源重点向农村、边远、民族、贫困地区倾斜,教育公平取得明显进步。"2015 年 6 月 1 日,国务院办公厅又正式出台了《乡村教师支持计划(2015—2020 年)》,该《计划》中指出:"到 2017 年,力争使乡村学校优质教师来源得到多渠道扩充,乡村教师资源配置得到改善,教育教学能力水平稳步提升,各方面合理待遇依法得到较好保障,职业吸引力明显增强,逐步形成'下得去、留得住、教得好'的局面。到 2020 年,努力造就一支素质优良、甘于奉献、扎根乡村的教师队伍,为基本实现教育现代化提供坚强有力的师资保障。"这对于解决民族地区优秀教师来源与发展将会起到重要的支撑作用,体现了国家对薄弱地区师资问题的重视程度,也体现了国家对小规模学校发展的一种间接支持,接下来需要保障这项政策有效实施。

---

① 李喆.习近平:教师是教育的第一资源[N].文汇报,2007—09—08.

② 马焕灵.校长领导力促进教师专业发展的机理与策略[J].中国教育学刊,2011(3):41—43.

③ 韩海阔.云南暂停中小学布局调整"撤点并校"饱受争议[N].云南信息报,2012—11—22.

④ 邬志辉.打出"全方位组合拳"大力支持乡村教师发展——《乡村教师支持计划(2015—2020 年)》分析发[J].中国民族教育,2015(5):4—6.

从我国教育经费的投入状况来看,随着学龄儿童急剧减少,教育经费大幅增加,教育的供求关系日益宽松,中国教育已经在整体上超越了此前极其短缺、极其贫困的状态,有可能去追求好的教育、理想的教育。教育改革不仅仅是政府的责任,也是对每个公民的要求。每一个公民都应该重新认识教育,思考教育,理解教育的使命,抵制教育异化。目前中国的经济实力已经很可观了,可以解决教育经费不足的后顾之忧,可以承担民族地区小规模学校教育经费的投入,但就建设一个现代化国家而言,教育已经和中国现代化建设进程严重脱节了,或者说,教育不适应建设现代化国家的要求。教育要回到原点,重新校正方向。① 作为本真的教育,"教育的任务不是给予学生不断增多的知识,而是'在他那里形成一种内部的深刻的状态,一种类似灵魂的聚焦的东西,使他不仅在童年而且在一生中朝着一个确定的方向前进'。"②现代化的教育观念认为单纯性的知识传授可以通过扩大学校和班级规模的形式来提高效率。集中办学取向的中小学布局调整政策正是以这种理念为指引,不断扩大办学规模,极大地忽视了教会学生如何在学习中生活和如何在生活中学习,曲解了学校教育的本意,而这是大班级教育教学所办不到的。因此,国家应当继续秉承民族地区教育优先发展的办学理念,继续给予民族地区教育发展的优惠政策,尤其是小规模学校要给予特殊的政策支持,改善学校的办学条件。在硬件设施建设方面,要改善学校的校舍、运动场地等基础设施的质量,确保基本教学用具和运动器材等的健全;在师资建设方面,需要国家拨专款提高偏远的民族地区教师的工资和福利待遇。此外,要建立起合理的教师评价制度,对于偏远的民族地区成长起来的优秀教师拨专款加以奖励,使优秀教师留得住并且不断成长,建立起民族地区的优秀特级教师队伍,从而确保小规模学校的健康发展。

四、观照民族地区特殊性政策环境因素

民族地区政策环境与非民族地区相比存在许多特殊的地方,就中小学布局调整政策来说,最有影响力的是人口数量的特殊性。人口因素导致学龄人口逐渐减少是中小学布局调整政策实施的一个主要原因,但是由于民族地区实施着特殊的人口生育政策,尽管近年来民族地区外出务工人员逐渐增加,导致部分学龄人口跟随父母外流,但并没有造成太大影响。总体来说,民族地区学龄人口依然保持着一定的增长率,保证了相对充足的中小学学生生源。

从 20 世纪 60 年代中期起,少数民族地区由于医疗、卫生等各项社会事业的进步,逐渐实现了高出生率、低死亡率和高自然增长率的人口再生产类型,这不仅改变了过去低

---

① 朱永新,马国川.中国教育,从原点再出发[J].读书,2011(7):17-24.
② [法]莫兰.复杂性理论与教育问题[M].陈一壮,译.北京:北京大学出版社,2004:133.

增长甚至是负增长的状况,而且进入了高速发展的第一次人口高峰。① 这主要源于我国对民族地区一直实施特殊的生育政策,这也决定了民族地区与其他非民族地区在学生生源数量上的差别,进而成为在集中办学上需要考虑的一个重要因素。由于计划生育所导致的学生生源减少是造成中小学撤点并校的一个主要原因。而民族地区撤点并校更主要的原因并不是学生生源的减少,而是由于办学分散造成的,这主要是受地理环境所限,民族地区普遍处于山区或半山区地带,这里地广人稀,学校的分散程度远高于东部等非民族地区。由此可以看出,与民族地区新中国成立以来现代学校的办学规模相比,并不存在明显的因为学校生源少而导致的教育资源浪费问题。民族地区人口与汉族人口增长速度相比一直比较快。如下表5-2所示,2010年汉族人口的增长速度仅为5.7%,而少数民族人口的平均增长速度则为29.7%,少数民族人口的增长速度是汉族的5倍之多。这意味着少数民族地区学校生源也是不断增加的,至少可以保证已有学校生源充足。

表5-2　第五次全国人口普查汉族人口与少数民族人口对比情况表②(单位:万,%)

	指标	1953年	1964年	1982年	1990年	2000年	2010年
少数民族	人口	3532	4002	6730	9120	10643	13799
	增长率	—	11.7	68.1	35.5	16.7	29.7
	占总人口比重	6.06	5.76	6.68	8.04	8.41	8.49
汉族	人口	54728	65456	94088	104248	115940	122593
	增长率	—	19.6	43.7	10.8	11.2	5.7
	占总人口比重	93.94	94.24	93.32	91.96	91.59	91.51

　　云南省素有民族博物馆之美誉,是一个多民族共同生活的省份。到目前为止,除汉族外,云南省共有经国务院正式公布的少数民族25个。2002年新修订的《云南省人口与计划生育条例》已经由云南省第九届人大常委会第二十九次会议于2002年7月25日审议通过并公布,自2002年9月1日起施行。新《条例》中针对不同的少数民族生育政策有

① 金炳镐,王铁志.中国共产党民族政策纲领通论[M].哈尔滨:黑龙江教育出版社,2002:706.
② 高磊.中国少数民族生育政策研究——一个法理学的视角[D].长春:吉林大学博士学位论文,2011:10.

着不同的规定,就生活在云南省的少数民族来看,每个家庭一般可以生两个子女,有的则不予限制。具体情况如下表5－3所示。云南省户籍"一方或双方是少数民族农民"的家庭可以生育两个孩子;"夫妻双方都是居住在边境村民委员会辖区的少数民族农民或少数民族农业人口夫妻一方是独龙族、德昂族、基诺族、阿昌族、怒族、布朗族的"家庭可以生育三个孩子。

表 5-3　民族因素在生育政策中的考量①

可育子女数	考量的情形	省份
一胎制	正常状态	北京、上海、广西、云南、吉林、江苏
二胎制	双方是少数民族	内蒙古、广西、宁夏、吉林
	一方是少数民族	新疆、西藏、宁夏
	一方或双方是少数民族农民	云南
	外省调入本地的少数民族居民	上海
	边疆调入本地的少数民族职工	北京
三胎制	夫妻双方都是居住在边境村民委员会辖区的少数民族农民	云南
	少数民族农业人口夫妻一方是独龙族、德昂族、基诺族、阿昌族、怒族、布朗族的	
	蒙古族公民,有农村户籍且从事农牧业生产,已有两个子女均为女孩的	内蒙古
	原州区、海原县、西吉县、隆德县、泾源县、彭阳县、盐池县、同心县生活的少数民族农村居民	宁夏
	少数民族农牧区夫妻	新疆
不予限制	达斡尔族、鄂温克族、鄂伦春族	内蒙古
	腹心农牧区	西藏
	边境农牧区的乡(区)和门巴族、珞巴族,以及夏尔巴人、僜人	

　　从以上分析可以看出,在生育政策上,民族地区与非民族地区截然不同。由于综合考虑民族文化习俗等各种原因,对少数民族生育上的限制比较宽松。另外,在 M 县实际调查过程中,通过对搜集到的第一手资料的整理分析也可以发现,民族地区人口增长依然很快,现实中民族地区许多夫妻生育的孩子普遍超出了民族生育政策的规定,许多家

① 　高磊.中国少数民族生育政策研究——一个法理学的视角[D].长春:吉林大学博士学位论文,2011:10.

庭育有四个孩子之多。因此,仅仅从学生生源的角度讲,民族地区就不应该简单地同非民族地区以同样的速度推进集中办学。要充分考虑民族地区特殊的人口发展规律,做好长远预测。在民族地区教育政策的执行过程中,一定要充分地考虑民族地区的特殊政策环境因素的影响,不能简单照搬非民族地区教育政策的执行模式。具体来说,首先要树立正确的教育观念,用事实说话,观念指导实践,正确的观念是政策执行成功的保障,要加强对教育政策执行者的文化教育,提升他们的文化涵养,使少数民族特殊文化在他们内心中得到理解与认可,正确看待少数民族地区的社会发展和教育发展状况,切不可先入为主;其次,要加强对少数民族地区的特殊性政策环境的深入调查和总结,尤其是地方对教育政策再制定之前,一定要对教育政策执行中影响显著的因素加以细致的调查,并以规章制度的形式确定地方教育政策再制定过程的必经环节,切不可凭借简单的经验和推理来作为教育政策再制定的基础,一定要做到对政策环境全面而深入的把握;最后,在教育政策地方执行过程中,政策的执行者要不断地反思,同时教育政策的制定者也要根据政策执行者反馈的信息不断地反思,进而不断地总结教育政策的制定和执行经验,对教育政策执行和执行效果影响显著的特殊因素加以总结与记录,为以后其他教育政策的执行提供参考和借鉴。

五、保障学生就近入学的权利

基础教育不仅仅是学校初等教育阶段狭义的学校教育,联合国教科文组织明确规定,基础教育是向每个人提供并为一切人所共有的最低限度的知识、观点、社会准则和经验的教育,其目的是使每个人都能发挥自己的潜力、创造性和批判精神,以实现自我的抱负和幸福,并成为一名有益的公民和生产者,为其所属的社会发展贡献力量。[1] 因此,通过基础教育阶段的教育与学习,"一方面受教育者应该接受基本的生产与生活技能的培养与训练,使他们能够生存于世;另一方面,受教育者应该接受某一文化空间中普遍接受的价值观念与伦理规范,从而使他们能够有效地融入某种社会之中"。[2] 就后者而言,接受基础教育不仅可以使受教育者能够融入整个国家大的社会,也就是主流社会之中,而且还要使受教育者融入其所生长的小的社区之中,尤其是对于少数民族学生来说,他们所生长的小的社区文化空间更为特殊,对于他们未来的生存也更为重要。对于少数民族学生来说,保障他们就近入学的权利不仅顺应我国义务教育法第十二条"地方各级人民政府应当保障适龄儿童、少年在户籍所在地学校就近入学"的法律规定,有利于基础教育

---

[1] 么加利.论西南民族地区"草根文化"的基础教育意蕴[J].西南师范大学学报(人文社会科学版),2006(4):51—54.

[2] 么加利.泸沽湖摩梭人基础教育类型考察及问题分析[J].民族教育研究,2004(3):22—27.

目标的实现,而且也有利于满足学生未来生存与发展的基本需要。

从长远发展来看,我们更为关注的应是民族地区可持续性的发展,而不是只顾眼前得失的短视发展。民族地区发展的核心动力源泉应该是每个人的充分发展,这当然离不开学校对学生的有效培养。对于民族地区来说,大部分接受过基础教育的学生最终还要回到自己生长的村寨生活,而现今学校教育往往为了实现少数人的目的而忽视了大多数人的利益,使这些没有通过教育筛选向上流动的人处于"上不去,下不来"的尴尬境地。由于他们长期脱离于乡村社会文化,而逐渐成为乡村社会熟悉的"陌生人"。每一个少数民族个体与其生长的土地不能被割裂,而应更好地联系和融合在一起。另外,"每一个文化都是与其他文化交流以自养。它应当在交流中加以某种抵抗。如果没有这种抵抗,那么很快它就不再有任何属于它自己的东西可以交流"。① 这进一步说明,每个民族要想生存与发展,就要保护自身的独特性,保存和传承好本民族的优秀文化。在这一过程中,处于青少年阶段的学生无疑是重要的民族文化承继者。但是,由于集中办学,民族学生过早地集中到多民族学校之中。调查发现,民族地区许多学生甚至从学前班就开始住校,远离生长的民族社区,脱离了民族文化的滋养,这不但不利于民族文化的传承,也不利于民族学生的健康发展。因此,从文化的角度看,民族地区基础教育不能脱离民族学生所生长的文化土壤。民族地区基础教育的发展要立足于民族地区的历史文化现实,实现现代学校教育与社区的有机融合、与民族文化的有效融合。世界银行有关第三世界妇女的调查也提出,"提高女孩入学率的基本措施就是增加学校的数量,就近上学"。② 从近年已基本普及九年义务教育的民族教育发展来看,巩固学生入学率依然是一个很严峻的问题,而在村寨中建学校提供学生就近入学的方便是保证学生就学率的有效举措。因此,即使不新增学校,那么至少也应尽量保留村寨中的学校。

从信息技术发展的角度来看,并校目标的合理性值得质疑,保障学生就近入学更具有时代条件。③ 云计算技术作为信息技术发展的前沿成果,给学校教育的发展带来了许多便利。首先,云计算有利于提高教育管理效率。教育管理一直以来是基层教育行政部门促进学校运作和发展的主要任务,也是一项比较烦琐的任务,而云计算的引入将会减轻这种管理工作的负担。区域教育机构或管理部门在教育信息化方面所需要的教育教学管理、信息系统教育、人力资源、综合管理、学校资产管理、教育教学资源库等方面大多可以采用共有云模式,面向区域教育用户提供特定服务。④ 同时,国家对云计算在教育领

---

① 河清.民族——"我出生"之地[J].读书,1996(9):139—144.

② 韩嘉玲.中国贫困地区的女童教育研究:贵州省雷山县案例调查[J].民族教育研究,1999(2):61.

③ 姚佳胜.云计算背景下中小学布局调整政策目标反思[J].邵阳学院学报(社会科学版),2015(6):95—98.

④ 张进宝,黄荣怀,张连刚.智慧教育云服务:教育信息化服务新模式[J].开放教育研究,2012(3)22—28.

域的应用也给予了大力支持,例如,教育部 2012 年印发的《教育信息化十年发展规划（2011－2020 年）》中明确提出"要建立国家教育云服务模式……面向全国各级各类学校和教育机构,提供公共存储、计算、共享带宽、安全认证及各种支撑工具等通用基础服务,支撑优质资源全国共享和教育管理信息化。"这一政策的逐渐落实,将显著提高从国家到地方再到具体学校的多级教育管理的效率。云计算在教育管理过程中应用后,教育行政部门不必依靠面对面地亲自传达管理规定与信息,而是通过教育云平台便可以将教育信息迅速地传达给更多的管理对象。甚至可以跨越教育行政层级,直接将任务信息传达到最基层的教育部门或教师本人,这样有利于加快优质教育资源的扩散,有利于缩小地区差异,促进教育的均衡发展和教育公平的实现。其次,云计算有利于降低办学成本。云计算使企业彻底改变了生产、经营和服务模式,同样,云计算对教育发展也将带来不可估量的影响。由于传统的信息系统管理需要购置专业的信息管理软件,并且配备专门的工作人员进行维护,所以传统信息系统的管理需要投入大量的人力、物力和财力。教育经费的限制,阻碍了教育发展相对落后的贫困地区学校的信息化建设,这将进一步扩大教育发展的地域差距。而在云环境下,教育信息化建设的软硬件资源均由服务商提供,教育机构及个人只要根据需要定制合适的云服务,然后通过一台联上网络的电脑就可以随时随地获取云服务来满足管理、教学和科研的需要。这样不仅可以节省大量的基础设施投入,避免重复建设和资源设备的闲置,还可以消除学校各部门信息系统互不兼容及分散管理造成的信息孤岛。[①] 同时,无论教育机构的地理位置多么偏僻,都可以支付同样的费用享受同样优质的云服务。这样可以减少像图书资料等实物资料的购买数量,通过云平台就可以获得同样的数据资料,甚至还可以获得许多被其他人加工处理过的可直接用于教学的资料,从而减少重复性工作。因此,教育系统中云计算的引入可以避免人力、物力和财力的无限期投入,尤其与以往农村地区基础教育信息化推广的大量经费投入相比,可以显著降低办学成本。教育信息化推广是促进基础教育均衡发展的重要举措,引起国家的重视,成为提高偏远地区教育质量的重要措施。国家针对基础教育发展薄弱地区进行了教育信息工程建设的巨额资金投资,例如"农远工程"项目等。而教育信息化受信息化本身特点的制约,即信息化设备更新快,投资大,刚刚普及的"农远工程"不到三年基本全部面临更新。随着技术的不断改良,这些教育信息化建设所需硬件设施的更替频繁。尤其对于一些教学点,学校地处偏远,最小的班级只有几个学生,从生均教育费用计算来看,每一次教育信息及教育资源设备的更替都是一项巨大的教育支出。因此,地方教育信息化相关人员从自身工作角度出发,特别支持农村集中办学,理由是这样可以增

---

① 万利平.云时代教师知识管理研究[D].上海:上海师范大学硕士学位论文,2010:31.

大班额,减少班级数量,进而可以减少教育技术设备的投入,也就意味着教育经费的大量节省。所以,农村中小学布局调整的政策目标定位为:"优化教育资源配置,方便教育管理,提高教育质量,实现教育均衡发展。"①而优化教育资源配置的一个主要目的就是为了节约办学成本。笔者在云南调查时了解到,地方教育行政官员及管理人员对实施中小学布局调整政策的表述更为直接,称"中小学布局调整"就是"集中办学",其目的就是为了节约办学成本、方便教育管理和提高学校的教育质量。然而,从节约办学成本方面看,并校不利于办学成本的降低。中共中央国务院 1985 年颁布的《关于教育体制改革的决定》中明确规定:"实行基础教育由地方负责、分级管理的原则。"两年后,国家教委和财政部联合发出的《关于农村基础教育管理体制改革的若干问题的意见》中指出:"县学县办,乡学乡办,村学村办",进一步明确各级地方行政机构在基础教育管理中的责任。而 2001年国务院《关于基础教育改革与发展的决定》的出台则扭转了以往的基础教育管理制度,该《决定》中明确指出基础教育实行"在国务院领导下,由地方负责、分级管理、以县为主"的管理体制。因此,与以往相比,现在基本不需要村民自己直接出钱用于本地学校基础设施建设,而是由县级政府部门按照国家的政策法律规定,统一出资对县域内所有中小学进行建设与管理,并承担教师工资等学校运转各项常规费用的支出。由于县级政府部门教育经费数额有限,偏远的贫困地区更是如此。这些地方地理环境复杂多样,交通极其不便,教育投入又相对较大。包括教育信息化建设方面,在偏远地区实现教育资源全覆盖是一件相当困难的事情,需要投入更多的人力、物力和财力,这样大大提高了教育成本,使得本不充裕的教育经费雪上加霜。但是,随着云时代的到来,云计算技术应用的逐步普及,基本不会因为办学分散而浪费太多的资源。在云技术支持下,只要有笔记本电脑等设备就完全可以享用云资源,并运用于教学之中。对于现在的年轻教师来说,像笔记本电脑这样的信息技术产品已成为他们生活中必不可少的日常用品,并且使用频率越来越高,运用起来也越来越娴熟。笔者于 2014 年在云南中缅边境民族乡的一所偏远教学点调查时了解到,这个只有三个班级、六十多人的教学点配有两台电脑。另外,这里的一名刚工作的年轻教师,自己不但有笔记本电脑、iPad(平板电脑),而且还有 iPhone(智能手机),尽管他的工资不高,两年来的工作收入所余基本全部用于购买这些东西了,由此可以反映出年轻教师对于云计算所需硬件设备已经基本自足,不需要为他们额外投入更多的教育费用。因此,基于云计算角度的分析,农村基础教育分散办学并不存在办学成本浪费问题。从方便教育管理角度看,并校并未带来管理的便捷。一般来说,集中办学是方便教育管理的一个重要途径,通过集中办学可以减少学校(包括教学点)数量,并

---

① 周芬芬.效率与公平:农村中小学布局调整的目标冲突与协调[D].武汉:华中师范大学博士学位论文,2008.

且可以将撤掉的学校(包括教学点)尽量合并到交通相对方便的学校,或者将几所撤掉的学校合并到在交通便利处新建立的学校,这样有利于教育行政部门管理者用最短的时间到达各个学校对其进行常规检查、信息传达以及工作任务的布置等。但是随着云计算技术在教育领域的广泛运用,基于云计算的特点,教育行政部门可以对数量更多、地域分布更广的学校同时进行有效管理,即使置身于地处偏远、交通不变村寨教学点的任教老师,也可以通过云计算技术第一时间接收上级教育管理部门的工作指导,向上级教育管理部门汇报工作、提交材料等,使教育管理者与一线教师直接建立紧密的联系,显著提高教育管理的效率。同时可以真正做到资源共享,按需索取资源,无论任教于教育发展迅速的繁华都市的学校,还是耕耘于穷乡僻壤、交通闭塞、教育落后的山寨教学点,都可以同时依靠云计算享用同样的服务。随着教育信息技术在教育教学中比重的逐渐扩大,只要云计算技术得到有效利用,提高教育质量、促进教育均衡发展是必然的事情。由此可见,现代信息技术有效运用于农村基础教育之中,可以满足学生就近入学的需要,也不会给县级财政带来多大的压力。

从家庭文化资本的角度来看,家庭文化资本是影响学生学业成就的重要因素,这已经成为国内外学界的共识。民族地区家庭文化资本缺失是造成学生学业成就低下的一个重要因素,其原因是民族特有的家庭文化资本没有得到足够的重视及有效的利用,以及公有性家庭文化资本的缺乏。[①] 而民族特有家庭文化资本主要源于文化丰富的民族村寨,这是民族学生所拥有的独特优势,如要将其有效地发挥,就需要学生长期生活于其中才能不断地体悟和受益。例如,明清时期培田村的书院、蒙馆与家塾遍布村中,彼时全村有"十户一塾,一户十匾"之称,处处可闻琅琅书声。[②] 培田人以"兴养立教"为己任,书写了中国民间教育史上的瑰丽篇章。[③] 也正是学校在村寨中的广泛建立,才促进教育在村寨中蓬勃发展。民族地区基础教育的发展历程短暂,更需要支持小规模学校的发展。

另外,从学生的学业成绩提升的角度来看,Noan Fridkin 和 Juan Necochea 1998 年在加利福尼亚的研究表明:在贫困地区,小型化的学校有利于学生学业成绩的提高,而在发达地区却是较大型的学校有利于学生学业成绩的提高。[④] 在我国,民族地区普遍处于偏远落后的贫困地区,学生的学业成绩普遍偏低,根据 Noan Fridkin 和 Juan Necochea 的研究成果,为了提高民族地区学生的学业成绩,应该加强小型化学校的建立与发展。因此,民族地区乡村学校和教学点对教育的意义更为重大。

---

① 姚佳胜,李颖芳.民族地区家庭文化资本对学生学业成就的影响[J].继续教育研究,2012(3):125—126.

② 王丽.追寻失落的中国教育传统[M].北京:教育科学出版社,2010:64.

③ 王丽.追寻失落的中国教育传统[M].北京:教育科学出版社,2010:74.

④ 郭清扬,王远伟.我国农村中小学布局调整的总体评价[J].河北师范大学学报(教育科学版),2008(3):71—77.

（一）民族地区的乡村学校对于乡民发展具有重要的作用

民族地区的乡村学校（包括教学点）可以给乡民提供接近主流文化的便利途径，有利于他们与主流文化接轨，提高社会生存与竞争能力。现代化学校在民族地区的发展经历了一个艰苦的过程，对于民族地区来说，它是以一种特殊的形式嵌入乡村之中，经过长时间的发展，逐渐得到了乡民的认可。乡民在与这些学校里的教师交流过程中得到了许多收获。例如，在调查时了解到，一名特岗教师在一个边疆村寨教学点教书的过程中，要到乡镇上购买蔬菜很艰难，于是便自己种植蔬菜吃，逐渐带动了当地村民也习惯了自己种蔬菜吃，解决了他们吃菜难的问题。另外，有许多偏远山区村寨里的村干部学历有限，这些教学点的教师业余时间又成了他们开展乡村工作的得力外援。同时，这些教师尤其是一些外地来的教师，帮助村委会工作的过程也是一个学习的过程，因为两者之间有许多互利之处。尤其是当地开展的一些民族活动，教师在活动过程中可以与村民深入地进行相互交流，了解当地许多民族文化知识，对民族文化及每一个民族同胞有了更深的理解，丰富了他们的知识、提高了他们的逻辑思维能力。这对于今后的教学及学校管理也大有裨益，可以更好地理解每一名民族学生独特的言语及行为举动，这样有利于教师更好地开展教育教学活动，有利于提高教育教学效果。另外，教师在帮助村干部在村里开展基层工作的过程中，也促进了家校合作。

（二）民族地区乡村学校对于学生发展具有重要的作用

民族地区乡村学校有利于学生综合素质的养成和对民族文化的传承，提高民族学生未来的综合竞争能力，促进民族文化的发展及整个乡村社会的发展。

从杜威的生活教育理论和现阶段所倡导的素质教育来看，教育中很重要的一点是接触实践，接触社会，全面发展学生的综合素质，并且为学生创造接触社会和做社会实践活动的机会。对于这方面活动的组织，也使学校承受一定程度的工作量。在乡村学校上学的学生无时无刻不融入社会生产生活之中，平日在家里就会经常帮助父母做一些家务，尤其是农忙时节，年纪稍长一些的学生甚至还会帮助父母去田地里干一些沉重的农活，这可谓是一举两得的社会实践，有利于提高学生的实践动手能力。

在民族文化传承方面，很长一段时间以来，为了保护和传承民族文化，解决许多民族文化面临失传的现实问题，民族地区开始开展民族文化进校园活动，许多学校都在实施不同程度的民族文化进校园项目。尤其是一些寄宿制中小学，这里的学生几乎所有时间都是在学校度过的，参与的文化活动也就比较多。同时，在学术研究方面相关成果也很多，包括硕博论文和一些学术期刊上的研究成果。但还是遇到了一系列的问题。例如，将民族歌舞编成体操形式来代替一部分时段的课间操等,这种行为看似很合理,既丰富了课间操活动内容,又传承了少数民族优秀的传统文化。但是每一种歌舞都有它所产生的环境和它所适宜的表演场合,搬到学校里普遍会遇到"水土不服"的问题。另外,集中办学后的学校学生来源多样化,不同民族的学生汇聚在一起,那么在有限的课间操时间选择哪个民族的传统舞蹈作为课间操,又涉及民族之间公平与平等问题。而在家附近的村里学校上学的学生则有更多时间去接触本民族的传统文化,并且这里的民族文化也更加真实、淳朴、活灵活现。"蕴涵在生活世界之中的民间性的神话、故事、游戏,甚至包括不乏迷信色彩的祭祀活动等,对扩展个体生命与周遭世界的开放性联系,有着不可替代的、根基性的意义,它们之于设计性教育形式的补充作用就充分地显现出来了。"①在民族地区,学生所居住的社区里充满了极其丰富的这类教育资源,学生可以利用放学的时间和节假日参与到民间组织的一系列民族文化仪式活动中去,在参与过程中将潜移默化地受到不同程度的各类知识教育和道德教育,使学生在快乐的民族活动中受益匪浅。同时,也使民族文化得到了传承。

此外,乡村学校(包括教学点)一个普遍特点就是规模小,每个班级的人数比较少,这也是他们提高学习成绩的一个优势,因为这样有利于教师顾及每名学生。在此基础上,只要再配备合格并且负责任的教师,这些学习成绩一直落后的学生就可以缩小与主流社会学生之间的学习成就差距,综合能力获得全面的提升。而如果一直效仿东部地区或城市内学校办学的发展思路,则很难与之缩小差距。由于不同民族学生之间在性格等方面存在显著差异,这给任课教师带来了更大的难度,唯有通过小班教学,教师才容易充分了解每名学生的情况,把握每名学生的个体特点,进而提出有针对性的教育教学方式,这样才有利于提高每名学生的学业成就以及日常管理效果。如果使这些学生在学业成就方面能够与主流社会学生达到同样的水平,再加上他们本民族已有的语言和逻辑思维能力优势,这些民族学生在未来社会发展中必将具备丰富的知识结构和更强的社会综合竞争能力。如果这方面的教育做到位了,将会极大地丰富民族地区的人力资源,民族地区将会一改落后的面貌,国家也不必再为少数民族学生在高考时提供升学加分等各种特殊性教育政策。这才是真正对民族未来发展所大有裨益的事情,才能使民族地区的教育发展和民族地区的社会发展更为科学与合理,有利于缩小民族地区与非民族地区的教育差距,促进教育的均衡发展。

---

① 刘铁芳.返回生活世界教育学:教育何以面对个体生命成长的复杂性[J].教育研究.2012(1):46—68.

深山中布朗族学生的"六一"儿童节①

我们这个教学点所在的是西双版纳最"纯正"的布朗族寨子,学生都是布朗族学生,他们能歌善舞,很有天赋。我们这里有一年级、三年级和五年级这三个年级,每个年级只有一个班,整个教学点总共60名学生。我们这个教学点算我在内总共就三名男教师,我最年轻,刚刚工作没有多久,只有一年多,另外两个要相对年长些。因为都是男教师,我们三个都没有教学生排练节目的能力和经验,但是我们最近一次"六一"儿童节却举办得非常成功。这次"六一"儿童节快到的时候,我一说要在六月一日那天举行儿童节文艺活动,需要让这些学生在"六一"儿童节这天表演节目,他们听后高兴得不得了。我只给他们提供一些必需品,如舞蹈光碟和播放设备等,他们自己就开始排练各种舞蹈。由于民族学生能歌善舞的天性与表演热情,促使这次活动顺利开展,在深山中成功举办了一次有声有色的"六一"儿童节。我当时还专门从学校附近一个小茶叶厂负责人那里和村主任那里拉到了赞助,虽然钱不算多,只有一千元左右,但是足够开展这次活动了。我们给学生买了很多文具等礼物,他们非常高兴。活动举办当天,我们还请来了小茶叶厂负责人和村干部作为嘉宾观看演出,寨子里大部分村民也来到学校欣赏学生的表演,并受到了他们极大的好评。活动当天,我还用自己的相机给他们拍了许多照片,用我的iPad录下了整个活动过程。虽然我们身居深山老寨子里,但是这次活动举办得热热闹闹,在场的每一个人都融入欢乐的氛围之中,给宁静的山村带来了欢乐与活力。

结语

随着社会的发展,学校教育逐渐正规化、统一化,从人民自主办学转变为国家办学,并成为国家的一项福利。接受义务教育是每个人的权利和义务,学校教育已经成为每个人一生发展的重要阶段。国家教育政策的合理性将会影响到每所义务教育阶段学校的发展,进而影响到每个人的发展,因此显得尤为重要。民族地区的学校教育发展受民族社会文化影响,存在其独特性,是我国教育事业的重要组成部分,长期以来一直受到国家的高度重视,并且给予了许多特殊性政策支持。自从1956年6月第二次民族教育会议上讨论并确定民族教育未来发展的方针和任务时,就提出了民族教育事业要逐步接近和赶上汉族水平。但是时至今日,半个多世纪已经过去了,如今民族地区学校教育发展相对滞后的现实依然存在,与汉族教育水平还差很远。因此,民族地区学校教育的发展依然应当予以政策上的专门关注和专项支持,并且要不断提高民族地区教育政策的有效

---

① M县BLS乡W老师访谈记录,2013年,10月21日。

性,真正发挥出教育政策的作用。同时,这也是提升我国教育政策整体研究水平和教育政策整体实施效益的重要途径。

中小学布局调整政策是近些年影响全国各地基础教育发展的一项重要政策,它直接决定了每个村寨里学校的存在与否。同时,由于该项政策在实施过程中陆续出现了许多衍生问题,并且这些问题层出不穷,因而引起了学术界的广泛关注与深入研究。近些年发表了许多相关的各类研究成果,但是对于民族地区中小布局调整政策实施的研究依然还很少。民族地区学校教育的曲折发展,更应引起对该地区教育政策实施的充分关注。笔者调查了解到,云南省 M 县因实施中小学布局调整政策而进行并校,所产生的问题比较多。此外,M 县又是边疆县、民族县,这里所反映出的问题更集中、更突出,非常具有典型性和代表性,所以本研究以 M 县作为研究个案,通过 M 县这一典型案例的剖析来深入解读中小学布局调整政策实施导致并校问题的政策根源,并进一步探讨中小学布局调整政策本身的合法性问题,并提出相应的解决对策。研究发现:

1. 从民族教育的目的和民族地区的长足发展的高度来审视民族地区的集中办学问题,中小学并校弊大于利。民族地区的学校教育的目的在于培养真正的民族人,培养同时适应民族文化与主流文化的人,学校教育在发挥民族文化传承功能的同时,不能以影响社会教育对民族文化的有效传承为代价,应该是两者充分结合,作为广义的教育来合理有效地促进民族文化的传承。而民族地区学校教育发展的滞后性源于前期学校教育发展支持不足等多种因素,不能仅仅归因于学校布局分散。

2.中小学并校问题主要源于中小学布局调整政策的实施不利,包括政策的制定、政策执行、政策环境和政策出台合法化问题。中小学布局调整政策出台之前,全国各地一直都在根据各地学生生源变化等现实情况,进行不同程度的学校分布调整,这一时期的调整相对来说是合理的,学校撤并主体与客体起到了一定的制衡作用,而中小学布局调整政策的执行打破了原有的制衡关系。当然,中小学布局调整政策的出台有其充分的合理性,但是由于整个政策过程的各个环节没有发挥出其应有的调节和引导地方政府合理布局的作用,使地方撤点并校偏离了预期目标。

3.教育政策实施的成败不仅与政策制定、政策执行和政策环境三者的协调一致有关,更为重要的是教育法、教育政策和地方管理三者的协调统一问题。这直接决定着教育政策出台的合法性与教育政策地方执行的适切性。一项合理的教育政策的出台不能跨越法律的限制,一方面教育政策不能僭越相关的教育法律,另一方面要遵循严密的法律程序。同时,要严格把好地方执行的关口,真正做到因地制宜地执行国家的教育政策。

4.教育政策制定和出台的出发点应该是"求实",而非"唯上",即教育政策的制定不能仅仅从理性出发,更为重要的是从教育发展的实际出发,要以人为本,要认识到教育政策效用的有限性。

　　基于以上研究结论,本研究提出两方面的政策建议:第一,在教育政策实施的宏观方面,需构建政策行动一体化的政策过程体系,具体包括教育法、教育政策和地方管理的一体化,教育政策制定、教育政策执行和教育政策环境的一体化,教育政策精神与教育政策主体的一体化。这样可以使政策的出台更为有理有据,有法可依;使政策的实施不以人的主观意志为转移,形成前后连贯的逻辑体系;打破政策仅仅简单地被贯彻和执行,使其成为人行动的基本理路。第二,在民族地区中小学布局调整政策实施的具体建议方面,主要根据政策行动一体化理论体系提出民族地区未来中小学布局调整的具体建议,即,增强政策主体观照民族文化的政策价值观;采取文化安全至上的政策实施原则;提升小规模学校发展的政策保障水平;观照民族地区特殊性政策环境因素;保障学生就近入学的权利。

参考文献

［美］白杰瑞.文化·教育与发展——全球视野下的中国少数民族教育［M］.滕星,马效义,等译.北京:中央民族大学出版社,2011.

［英］鲍尔.政治与教育政策制定——政策社会学探索［M］.王玉秋,孙益,译.上海:华东师范大学出版社,2003.

毕世响.人与思想出没的地方——学校原型的天问［J］.上海教育科研,2012(2).

陈荟.西双版纳傣族寺庙教育与学校教育共生研究［D］.重庆:西南大学博士学位论文,2009.

陈振明.公共政策分析［M］.北京:人民大学出版社,2003.

褚宏启.我们需要什么样的现代学校制度［J］.教育研究.2004(12).

崔东植,邬志辉.韩国农村小规模学校合并政策评析［J］.教育发展研究,2010(10).

［美］戴伊.理解公共政策［M］.彭勃,等译.北京:华夏出版社,2004.

［以］德洛尔.逆境中的政策制定［M］.上海:上海远东出版社,1996.

［美］邓恩.公共政策分析导论(第四版)［M］.谢明,伏燕,朱雪宁,译.北京:中国人民大学出版社,2011.

邓旭.教育政策执行研究:一种制度分析的范式［M］.北京:教育科学出版社,2010.

丁煌.公共选择理论的政策失败论及其对我国政府管理的启示［J］.南京社会科学,2000(3).

丁煌.政策执行的阻滞机制及其防治对策——一项基于行为和制度的分析［M］.北京:人民出版社,2002.

［美］杜威.学校与社会·明日之学校［M］.赵祥麟,等译.北京:人民教育出版社,1994.

21世纪教育研究院.农村教育向何处去:对农村撤点并校政策的评价与反思［M］.北京:北京理工大学出版社,2014.

范先佐.农村中小学布局调整的原因、动力及方式选择［J］.教育与经济,2006(1).

范先佐.中国中西部地区农村中小学合理布局结构研究［M］.北京:中国社会科学出版社,2004.

冯翠云.学校布局调整背景下乡村文化传承的困境分析［J］.清华大学教育研究,2012(2).

［美］福勒.教育政策学导论［M］.许庆豫,译.南京:江苏教育出版社,2007.

傅维利,刘伟.学校规模调控的依据与改进对策[J].教育研究,2013(1).

顾明远.民族文化传统与教育现代化[M].北京:北京师范大学出版社,1998.

郭清扬,赵丹,范先佐.中小学布局调整与教学点建设研究[M].北京:人民教育出版社,2011.

国家教委政策法规司.中华人民共和国现行教育法规汇编(1990－1995)(上卷)[M].北京:人民教育出版社,1998.

[美]亨廷顿.文明的冲突与世界秩序的重建[M].北京:新华出版社,1999.

[瑞典]胡森.社会环境与学业成就[M].张人杰,译.昆明:云南教育出版社,1991.

[美]吉罗克斯.跨越边界:文化工作者与教育政治学[M].上海:华东师范大学出版社,2002.

[美]卡拉汉.教育与效率崇拜:公立学校管理的社会影响因素研究[M].马焕灵,译.北京:教育科学出版社,2011.

[美]克温.规则制定——政府部门如何制定法规与政策[M].刘璟,张辉,丁洁,译.上海:复旦大学出版社,2007.

[加]莱文.教育改革——从启动到成果[M].项贤明,洪成文,译.北京:教育科学出版社,2004.

劳凯声.变革社会中的教育权与受教育权:教育法学基本问题研究[M].北京:教育科学出版社,2003.

雷万鹏.义务教育学校布局:影响因素与政策选择[J].华中师范大学学报(人文社会科学版),2010(5).

李北群.论教育政策的利益分析必要性框架及应用[J].江苏社会科学,2008(6).

李书磊.村落中的"国家"——文化变迁中的乡村学校[M].杭州:浙江人民出版社,1999.

李允杰,丘昌泰.政策执行与评估[M].台北:元照出版有限公司,2003.

刘复兴.教育政策的价值分析[M].北京:教育科学出版社,2003.

刘善槐.农村学校布局调整决策的科学化、民主化与道义化研究[D].长春:东北师范大学博士学位论文,2012.

刘铁芳.返回生活世界教育学:教育何以面对个体生命成长的复杂性[J].教育研究.2012(1).

刘晓巍.奘寺学童现象及其教育法规因应研究[D].重庆:西南大学博士学位论文,2011.

卢晖临,李雪.如何走出个案——从个案研究到扩展个案研究[J].中国社会科学,2007(1).

[美]罗尔斯.正义论[M].何怀宏,何包钢,廖申白,译.北京:中国社会科学出版

社,1988.

马焕灵,景方瑞.地方中小学教师轮岗制政策失真问题管窥[J].教师教育研究,2009(2).

么加利.论西南民族地区"草根文化"的基础教育意蕴[J].西南师范大学学报(人文社会科学版),2006(4).

[法]孟德斯鸠.论法的精神(上册)[M].张雁深,译.北京:商务印书馆,1961.

[法]莫兰.复杂理论与教育问题[M].陈一壮,译.北京:北京大学出版社,2004.

宁骚.公共政策学[M].北京:高等教育出版社,2003.

庞丽娟.当前我国农村中小学布局调整的问题、原因与对策[J].教育发展研究,2006(9).

朴红月.少数民族地区学校布局调整政策执行与影响研究[D].北京:中央民族大学硕士学位论文,2011.

祁型雨.超越教育利益之争——教育政策的价值研究[M].北京:高等教育出版社,2003.

秦惠民.走进教育法制的深处——论教育权的演变[M].北京:中国人民公安大学出版社,1998.

[美]萨巴蒂尔.政策过程理论[M].彭宗超,钟开斌,译.北京:生活·读书·新知三联书店,2004.

[美]斯科特.国家的视角(修订版)——那些试图改善人类状况的项目是如何失败的[M].王晓毅,译.北京:社会科学文献出版社,2004.

孙振东.教育科学研究方法论探索[M].重庆:重庆大学出版社,2008.

滕星.族群、文化与教育[M].北京:民族出版社,2002.

王鉴.论我国民族教育的特殊性及其政策支持[J].学术探索,2010(5).

王鉴.民族教育学[M].兰州:甘肃教育出版社,2002.

王铁志.新中国民族教育政策的形成与发展(上)[J].民族教育研究,1998(2).

王锡宏.中国边境民族教育[M].北京:中央民族学院出版社,1990.

[韩]吴锡泓,金融杆.政策学的主要理论[M].金东日,译.上海:复旦大学出版社,2005.

邬志辉,史宁中.农村学校布局调整的十年走势与政策议题[J].教育研究,2011(7).

吴遵民.基础教育决策论——中国基础教育政策制定与决策机制的改革研究[M].上海:华东师范大学出版社,2006.

[英]希尔.理解社会政策[M].刘升华,译.北京:商务印书馆,2003.

杨东平.中国教育公平的理想与现实[M].北京:北京大学出版社,2006.

杨荣帆.影响公共政策执行的少数民族文化因素研究——以广西三江侗族为例[D].

桂林:广西师范大学硕士学位论文,2011.

杨润勇.教育政策行为研究——以县级区域为例[M].北京:教育科学出版社,2011.

袁振国.教育政策学[M].南京:江苏教育出版社,2001.

张洪华.农村中小学布局调整中的利益博弈——基于苏镇个案的实地研究[D].上海:华东师范大学博士学位论文,2011.

张乐天.美国学校布局调整的标准结果及其改进原则[J].外国教育研究,2011(3).

张桥贵.少数民族文化的特征与变迁[J].云南民族大学学报(哲学社会科学版),2005.

张诗亚.西南民族教育文化溯源[M].上海:上海教育出版社,1994.

张维平.维护教育的公益性[J].求是.2005(14).

张新平.简论教育政策的本质、特点及功能[J].江西教育科研,1999(1).

张振改.教育政策的限度研究:来自个案的启示[M].上海:华东师范大学博士学位论文,2006.

曾荣光.教育政策研究:议论批判的视角[J].北京大学教育评论,2007(4).

郑新蓉.现代教育改革理性批判[M].北京:人民教育出版社,2003.

郑毅.冲突与协调:寺庙教育与义务教育基本权利关系研究[D].北京:中央民族大学博士学位论文,2012.

周芬芬.效率与公平:农村中小学布局调整的目标冲突与协调[D].武汉:华中师范大学博士学位论文,2008.

周伟.学生适应视角看民族教育政策跨文化执行——四川省藏区学生"9+3"免费中职教育计划的个案研究[D].北京:中央民族大学硕士学位论文,2012.

周志宏.教育法与教育改革[M].台北:高等教育文化事业有限公司,2003.

朱秀艳.美国小规模学校经济价值分析[J].外国教育研究,2004(5).

Cha Lodge Paul..Educational policy and educational inequality [M].Oxford:Martin Robertson,1982.

Diane Ravitch..Brookings papers on education policy [M].Washington,D.C.:Brookings Institution press,1998.

Gregory J.Cizek..Handbook of educational policy [M].San Diego,Calif.;London:Academic,1999.

Richard Daugherty,Prydwen Elfed－Owens..A nationalcurriculum for wales:a case study of education policy－making in the ERA of administrative devolution [J].British Journal of educational studies,Vol.51,No.3,2003.

政策与法规文本

《国务院批转教育部＜面向 21 世纪教育振兴行动计划＞的通知》,1999－1－13.

《中共中央、国务院关于进行农村税费改革试点工作的通知》(中发[2000]7 号),2000－6－24.

《国务院办公厅转发教育部等部门关于实施中小学危房改造工程意见的通知》(国办发[2001]13 号),2001－2－27.

《国务院关于基础教育改革与发展的决定》(国发[2001]21 号),2001－5－29.

《中小学布局调整专项资金及项目管理暂行办法》(财教[2001]39 号),2001－6－19.

《国务院办公厅关于完善农村义务教育管理体制的通知》,2002－5－16.

《国务院办公厅关于进一步加强农村税费改革试点工作的通知》(国办发[2003]85 号),2003－10－8.

《国务院关于进一步加强农村教育工作的决定》(国发[2003]19 号),2003－9－19.

《国务院关于做好 2004 年深化农村税费改革试点工作的通知》(国发[2004]21 号),2004－7－21.《国务院批转教育部＜2003－2007 年教育振兴行动计划＞的通知》(国发[2004]5 号),2004－3－3.

《教育部关于进一步推进义务教育均衡发展的若干意见》(教基[2005]9 号),2005－5－25.

《国务院关于 2005 年深化农村税费改革试点工作的通知》(国发[2005]24 号),2005－7－1.

《国务院关于深化农村义务教育经费保障机制改革的通知》(国发[2005]43 号),2005－12－24.

《教育部关于实事求是地做好农村中小学布局调整工作的通知》(教基[2006]10 号),2006－6－9.

《教育部办公厅关于切实解决农村边远山区交通不便地区中小学生上学远问题有关事项的通知》(教基厅[2006]5 号),2006－6－9.

《关于批准发布＜农村普通中小学校建设标准＞的通知》(建标 109—2008),2008－12－1.

《教育部关于贯彻落实科学发展观进一步推进义务教育均衡发展的意见》(教基[2010]1 号),2010－1－4.

《国务院办公厅关于规范农村义务教育学校布局调整的意见》(国办发[2012]48 号),2012－9－6.

《云南省西双版纳傣族自治州民族教育条例》,1988－1－1.

《云南省少数民族教育促进条例》,2013－7－24.

《云南省人民政府贯彻实施＜国务院关于基础教育改革与发展的决定＞的意见》(云政发[2001]161号),2001－12－3.

《云南省人民政府办公厅关于云南省中小学区域布局调整指导意见》(云政办发[2009]241号),2009－11－6.

《云南省人民政府办公厅关于规范农村义务教育学校布局调整的实施意见》(云政办发[2013]91号),2013－6－26.

《M县教育事业发展规划(2004—2010)》,2004－7.

《M县中小学区域布局调整规划》,2012－12.

附录

附录一：访谈提纲

在访谈过程中，要结合谈对象自身情况进行不同程度的访谈，包括民族、学历、工作经历等。对访谈对象自身情况的访谈，可以放在以下具体问题访谈之前，或者贯穿于访谈过程之中，或者放在最后进行，也可以通过第三方了解，视具体情况而定，目的是不要影响访谈对象的情绪和力求信息真实。访谈对象尽量选择熟悉所要了解的情况并且无利益牵涉者为宜。

访谈对象包括：教育局行政人员、中小学校长、乡镇行政人员、教师、家长、学生、佛爷、地方知识精英、民宗局相关人员、法制办相关人员。根据不同对象在政策过程中不同的相关程度，在下列问题中选择性地进行访谈。另外，以下问题只是基本问题，在具体访谈过程中根据实际情况进行不同程度的扩展与追问。

一、政策评价

1.您如何看待本县过去和现在的教育状况？有哪些成就和问题？

2.您如何看待本县中小学教育教学质量？主要问题是什么？

3.本县的教育目标是什么？您认为是否合理？

4.您认为本县教育政策的目标与本地的实际情况结合得如何？有无脱离地方实际的政策出台？

5.您知道中小学布局调整政策吗？对这项政策熟悉吗？

6.您觉得此次中小学布局调整政策有何特点？与您熟悉的其他教育政策有何区别？

7.您觉得哪些人对教育政策实施影响比较大？为什么？

8.您是怎样看待集中办学的？有哪些好处和弊端？对你造成了哪些影响？

9.您是怎么看待国家出台的这项中小学布局调整政策的？

10.您感觉这个政策存在哪些问题？

11.这个政策的实施有哪些好处和弊端？

12.你喜欢现在所就读的学校吗？喜欢这个学校的食宿环境吗？为什么？

13.您认为集中办学给民族文化传承带来了哪些影响?

14.您认为集中办学给对民族语言带来了哪些影响?

二、政策制定过程

1.请问你们县总共制定过几次中小学布局调整规划?

2.每次中小学布局调整政策制定的依据是什么?考虑了哪些地方性因素?

3.对国家和上级政策是如何解读和如何落实的?

4.如何看待国家和上级行政部门的政策行为?

5.每次政策制定有哪些部门参加?为什么是这些部门参与?由谁决定的?

6.每次参与中小学布局调整规划制定人员的背景情况如何?(包括职务、学历、民族、工作经历等)

7.每次政策制定由哪些环节组成?依据是什么?(理论依据、现实依据、政策依据等)

8.每次政策制定讨论过程中产生的分歧是如何处理的?

9.制定好的政策一般以什么形式呈现?您认为合理吗?

10.在中小学布局调整政策制定过程中是否考虑过州民族教育条例的规定?(如果是,那么考虑了哪些?如果否,为什么?)

11.您对政策制定的结果满意吗?为什么?

12.政策制定过程中遇到问题一般如何处理?

13.县域教育政策咨询系统是否存在?咨询人的特点、状况?

14.请问政策制定过程中还存在哪些主要问题和困难?

三、政策执行过程

1.中小学布局调整政策执行的程序和步骤是什么?

2.中小学布局调整政策执行中具体遇到了哪些困难?

3.您感觉这些困难出现的原因是什么?

4.这些困难您是如何解决的?

5.中小学布局调整政策执行过程中有哪些经费支持?

6.您认为这项政策执行得这么快是什么原因促使的?

7.您对政策执行的结果满意吗?为什么?

8.学校撤并过程中有没有征求过您的意见?如果有,那么是否采纳过你们的意见?如果没有,你们是如何保护自身利益的?

9.如果有反对撤并学校的人会采用什么办法抵制?结果如何?

10.在政策执行过程中,上级教育行政部门提过哪些指导意见?您认为合理吗?

11.在政策执行过程中,如何解释和宣传教育政策？效果如何？有哪些经验？

12.一般什么样的教育政策会引起领导的重视？

13.在教育政策执行过程中积累了哪些经验？

14.哪些民族文化对政策执行产生了影响？是怎样处理的？

15.在政策执行过程中遵循了哪些原则？

16.您认为中小学布局调整政策的实施合理吗？为什么？还存在哪些问题？

附录二:访谈记录节选

访谈记录节选(一)

访谈对象:M 县中小学布局调整政策实施负责人

访谈地点:M 县教育局基教股办公室

访谈时间:2013 年 10 月 16 日,上午 10:30—11:40

问:您是如何看待国家实施的中小学布局调整政策的?

答:学校采取集中办学是基础教育发展的必然趋势,只是前一阶段做得确实有些极端,但是在实行的过程中,根据遇到的问题进行了调整:第一个,就近入学;第二个,先建后撤,建成一所,撤并一所。在整个实行过程中出现的问题,当时国家有些匆忙,但这是正确的方向。至于学校撤并过程中所遇到的问题主要源于资金的不到位,只要资金到位,凡事都会得到解决。

问:请问 M 县最近这次中小学布局调整规划的基本情况怎么样?

答:这次是最大的一次集中,我们的规划目标是将现在的 152 所学校(包括校点),集中成 38 所。例如 BLS 乡根据原来的规划只保留 3 所学校,后来根据国务院的新文件又进行了调整,只要三四十人以上的学校还是尽量保留,因为这个乡的面积太大了,而且整个乡都是山地。这需要投资 2.2 亿,主要需要由国家、省、县共同来出。

问:请问如何解决学校集中后家校距离变远的问题?

答:国家对校车要求很高,还专门出台了《校车安全管理条例》,一般学校根本买不起校车。另外,还需要配备专门的司机,同时我们这里的地理环境也不太适合用校车,校车的成本太高了,很难实现。我们县现在一辆校车也没有,所以我们这里的学校集中之后主要采用寄宿制办学。

问:你们县寄宿制学校的发展目标如何?

答:我们主要发展寄宿制学校。我们的规划是未来的寄宿制学校数量基本占全县学校总数的 70%,至少要占到 60%,最高要占到 90%。

问:请问你们县中小学布局调整政策是如何实施的?

答:M 县布局调整政策的落实程序是:教育局相关人员通过对基层学校的教师和学生的初步调查,乡里学校先摸一下底,因为他们对下面的情况最熟悉,学校对周围的村寨最熟悉,然后把下边的意见、想法收集上来,整体宏观地来草拟县域学校布局调整的规划,然后把问卷发下去,再看哪些需要做细微的调整,要通过七八次的沟通才能最后确定下来;然后将该计划报送县政府,由县政府通知涉及撤校的乡镇,同时相关乡镇通知相关村寨对撤并学校的家长进行征求意见;再然后教育局将规划召集县上十余个与学校教育发展相关的政府部门对布局调整规划进行讨论,涉及的各个部门(财政、审计、住建局、纪委、监察、环保等),只要和教育沾点边的,规划通过后报送县政府,由县政府向州教育局进行审核,通过后交给县政府,由县政府报送州政府,再由州政府交由省教育厅审核,审核后交由省政府审批,通过后政府将会配备相应的资金进行学校撤并规划的实施。

问:你们县最初是什么时候开始集中办学的?

答:2009年初就开始做集中办学的工作,西双版纳州在云南省是做得最早的一个,在三月份启动,在六月份先后修改方案七八次,七月份接到省上的通知,启动校安工程,转过来又以校安工程为主来实施集中办学。当时国家也出台了相应的政策,但是没有我们做的跨度那么大。校安工程现在收尾,我们在做二次规划,根据国家的文件在做调整。州上也有相应文件,但是现在都用不上了,要根据国务院的新文件重新来做。

问:第一次集中后的学校现在发展状况如何?

答:现在看第一次撤并的这些学校,它们的整个校容校貌感觉非常棒,很多下面的学生也愿意到上面来,上面的各项条件都比较好,食宿、学习环境等都很好。学生有权利选择学校,比如去县上的学校,像格朗和乡学校教师富余就是学生择校造成的。这是一种发展趋势。现在家长肯定都想选一个近一点的、环境好一点的学校。现在县里有的家长将自己还在读小学的孩子就送到思茅、昆明等更远、更好的学校去读书,自愿择校。

问:作为基层行政人员,您对国家出台的政策怎么看?

答:这个不好回答,我们不是政策的制定者,只是政策的执行者,要求我们怎么做我们就怎么做。我们对国家的政策、上级的政策不评价,直接执行。我们评价又怎么样,我们又不是政策的制定者,国家要求怎么做就怎么做,这是我们的责任,因为我们说的又不算。如果我们是政策的制定者,我们也会讨论,既然没有讨论的价值,所以现在只要执行就可以了。

问:请问如果加大对分散学校的经费投入,是否能同样达到提高质量的目的?

答:这存在一个学习氛围的问题,学生整天、整年盯着一个老师上课、学习肯定腻的,会变得倦怠。集中办学肯定有它的优势,只是遇到一系列个别的困难和问题,重点是怎样解决集中办学过程中遇到的困难和问题。例如校车,国家对校车的要求是相当高的,一般学校根本就买不起,而且它要专门的驾驶员,要专门考。总之还是钱的问题了。

问:您对未来中小学布局调整政策的看法是什么?

答:集中办学大的趋势、方向非常好,主要是集中的过程问题如何解决。现在主要是地方政府没有能力,有许多东西需要边走边改。编制、经费等等全部解决了就可以了,解决不了只能暂缓,只能慢慢撤。现在每撤掉一所学校都要报到州、省通过审批才能实施。现在审批权在省里,我们县里已经没有权力撤学校了。

问:请问你们都依据什么来制定M县中小学布局调整规划的?

答:一般以国家政策为基调,省、州为指导,有的细化,有的结合本民族地区的特色。教育局负责规划,县党委政府、乡党委政府和村委会具体落实。做民意调查,学生、村干部、村民、家长等都参与。

问:请问您在做学校布局调整规划时都考虑哪些特殊因素?

答:例如不同民族村寨之间,由于一系列历史原因所造成的关系不和,在这种情况下,尽管这两个寨子的学生分别就读的两所不同学校距离很近,从地理距离的角度考虑本应该集中到一所学校,但是在学校布局规划过程中,为了避免两个寨子的学校集中到一起会造成学生之间发生打架等问题,甚至会引起两个寨子的家长之间发生打架等冲突,于是便不会把这两所学校集中到一起,而是分别将两个寨子的学校并到稍远一些的其他学校。因为相邻的两个寨子很可能是两种完全不同的民族,他们之间的差别很大。例如,傣族、哈尼族和布朗族寨子经常搞不拢,影响了集中办学,但这种情况不算多。

问:民族文化的传承与保护问题是否影响到学校布局规划呢?

答:民族文化保存和传承问题可以通过加强学校的双语教育等形式来缓解。另外,民族文化的传承问题已经到了危急的时刻,但一些民族文化的消亡也是社会历史发展的趋势。一些传统的民族文化束缚了人们的思想观念,影响了教育的发展和社会的发展。

访谈记录节选(二)

访谈对象:MZ 镇中学教师

访谈地点:M 县第三中学会议室

访谈时间:2013 年 10 月 11 日,下午 3:00—3:20

问:请问您怎么看待中小学撤点并校的?有哪些利弊?

答:撤点并校是大趋势。我个人认为,内地可以放缓,像我们这种民族地区反而更应该加紧集中办学。首先,集中办学至少有利于社会稳定。因为这里的人们生活水平已经富裕起来了,你再不把这里的学生弄到学校里来好好教育一下,他们真的会开始出现不稳定。这些学生手里有很多钱,是很麻烦的,什么事情都会做。你看现在集中办学之后,寨子里该读初中的这部分学生都进来了,寨子都清净得很,家长可以该做什么就去做什么,不必为孩子担心。如果到处你推我推的话,不去管学生就会出问题的。由于该地区许多家庭迅速富裕起来,有些甚至可以用一夜暴富来形容。以前是生活在坝区的傣族比较富裕,山上的其他民族很贫困。但是从 2007 年以后则发生了重大转折,由于当地普洱茶突然走俏,茶叶的价格被一些来自东部地区的大商人炒得越来越高,茶叶价格一路攀升,尽管后来茶叶的价钱出现了短暂回落,但是经过 2007 年的炒作,普洱茶已经得到越来越多人的认可,并且已经享誉全国,成为我国重要的茶叶品牌,所以普洱茶的价格经过短期回落后一直稳步提升。M 县是普洱茶的主产区,其中最贵的普洱茶价钱已将涨到七千多一斤。由于短期内收入的剧增，而且钱赚得那么容易，所以一些负面的影响不断显现。例如，在 MM 镇，我有一个以前的同事。他的孩子原本在景洪市读书，由于爸爸、妈妈工作的原因，后来把孩子弄回 MM 镇来读书。刚回来时还很好，跟乡下的小朋友有区别，会自觉地读书写字，还保持城里时的那种习惯。但是慢慢地便被乡下的小朋友同化了，甚至比乡下的小孩还要调皮。上学的时候，在学校里找不到了，去寨子里玩去了。这个小小的女孩，还向父母一次性要一两百元。爸爸问"干吗"，"过生日，几个兄弟姐妹聚一聚，在外面喝喝酒"，这就是一个三年级小女生说出的话。

其次，有利于提高教育质量。比如教学点一个人的，你就是领导，校长是你、教导主任是你、老师是你，然后村小组长与你是同一个级别的，会计和你是平级的，今天这家喝酒你必须得去啊，作为教师代表、教育领导，明天那家请你，你又得去啊，不去又不行，不去不给人家面子，不去你怎么搞好群众关系啊，不搞好关系怎么做到让家长支持你的工作啊，这样一来那你到底去那里吃饭喝酒，还是去那里教书啊。

访谈记录节选（三）

访谈对象：GLH 乡中心小学副校长

访谈地点：GLH 乡中心小学

访谈时间：2012 年 10 月 12 日，下午 3:10—4:30

G 副校长：对于集中办学领导和教师非常支持，最初认为好处很多，第一，可以提高教学质量；第二，可以使教师远离偏远的山区，改善教学和生活条件；第三，便于上级的领导和管理。当时家长是非常反对的，通过做家长的思想工作，例如，规劝家长集中办学后可以使孩子受到更好的教育，另外，这是国家的政策要求。其实家长也不太明白，也就应允了，随着教学点的不断撤并，由于家距离学校路途遥远，许多孩子选择了住校。后来家长逐渐感觉到，到哪里都是住校，便选择好一点的学校去读，因为自从实施两免一补政策以来，学生无论去哪里读书都不收借读费，无论在哪里读，只要不是教师、公务员的子女，都可以享受国家对偏远地区学生的补助（现在小学是 750 元，中学是 1000 多元）。同时 GLH 乡位于县城和州府之间，许多家长都把孩子送到这两个地方去上学，尤其 MH 县最多，因为许多 GLH 乡的寨子距离县城内学校比乡内学校距离还近，便更愿意选择在县城里读书。另外，与其他乡镇的学校教育相比，GLH 乡的学校教育文化底蕴更深厚，这源于不同民族之间接受教育上所存在的差别。因为哈尼族学生与这里其他民族的学生相比更爱学习，读书还非常刻苦，而 GLH 乡是一个哈尼族乡，全乡 86.9% 的人口都是哈尼族。同时，随着哈尼族家庭经济收入状况的不断好转，愿意送孩子去县内或者州上接受更好的学校教育，在这一过程中所增加的一些额外支出也不会成为家庭经济上的负担。哈尼族学生的家长非常重视子女所接受的学校教育，所以 GLH 乡出去到更好学校就读的学生越来越多。现在 GLH 乡有一半以上的中小学生选择了去 M 县内学校上学,大多数是四年级开始去县城读书,现在有年龄逐渐变低的趋势。例如,现在有些小孩小学一年级甚至幼儿园就开始去县内上学。有些家庭还去 M 县城和尽量距离学校较近的地方买房子,父母不方便和没时间的就让家里的老人在县内接送孩子上学和陪读,但这还是少数。集中办学造成的主要影响是,乡内学校学生生源极速下降,致使乡内教师严重超编,使得乡内的基础教育事业受到极大的不良影响。学生被家长送到县内上学所带来的利弊兼有,尤其对于民族学生,也很难断定利弊谁更大。好的方面是,县内学校软硬件设施比较好,学生可以受到优质的教育,也可以开阔学生的眼界。此外,由于县内学校是由不同民族学生组成,而不像 GLH 乡主要是哈尼族单一学生组成,所以他们更多的只能用汉语交流,这样可以加快学生普通话表达能力的提升,也有利于避免未来在主流社会语言交往方面的障碍。不好的方面主要有:第一,增加了父母的经济负担,学校集中办学后,学生上学的各种花销都会增加,仅零花钱这一项就会成倍增长;第二,县内的社会环境比较复杂,而不像寨子里那样简简单单的,中小学生的自我意识和自控能力有差,所以长期生活在这种环境下的学生很容易沾染许多恶习,甚至有些原本学习成绩好的学生,如果自制力差,稍不注意就会误入歧途,学习成绩反而会变坏,日常行为习惯也变坏了,可谓"赔了夫人又折兵";第三,由于孩子的学习环境失去了本民族文化环境的熏陶,将直接影响民族文化传承,将加快优秀民族文化消亡速度,影响民族认同,如,民族语言使用频率的不断降低,直接影响美妙的民族歌曲的传承与创作。现在 GLH 乡只剩下一所中学、一所乡中心小学和三个小学教学点,由于学生少,预计在明年将把乡中心小学完全并到乡中学。因此,并校政策实施到现在,致使 GLH 乡由当初的"主动"集中办学变成了现在的"被动"集中办学。